中学校 理科

「主体的に学習に取り組む態度」の学習評価完全ガイドブック

山口 晃弘 編著

明治図書

はじめに

　平成14年2月28日に「評価規準の作成，評価方法の工夫改善のための参考資料—評価規準，評価方法等の研究開発（報告）—」として，国立教育政策研究所教育課程研究センターから報告書が出された。相対評価から絶対評価への移行がなされることとなった。

　その報告書の中で，特に重視されたことは，指導と評価の一体化をこれまで以上に進めることであった。また，学習指導要領の内容をいくつかのまとまりとして具体的な評価規準と具体例が示され，学習後の指導の改善充実に生かすこと，教師の過大な負担にならないこと，過去の評価研究の成果を生かすこと，誰にでもわかりやすいものとすることなどの留意すべきことが示された。その当時，絶対評価への移行は，大きな衝撃となった。特に，学校の評価が内申点として上級学校の選抜に使われる都道府県では，対応策が練られた。それから20年が過ぎたが，思った以上の混乱はなく，落ち着いたかのように見える。

　しかし，これらの課題は，今日でも同様に引き継がれている。例えば，「評価をする」ことからどんなことをイメージするのか聞いてみた。ある中学生は，

　「点数。とれると舞い上がり，とれないと落ち込む」

　「進学。点数に応じて学校のランクが決まる」

などと答えた。同じ質問を若い理科の教師にもしてみた。

　「評価をするとは，具体的には，成績をつけたり，順位を出したりすること」

　「教師が求める到達度に対して，生徒たちがどの程度達成できたのかを計算すること」

などという回答であった。「昔ながら……」というか，指導→評価という一方通行の現状が見え隠れしている。もちろん，評価にはこうした側面があるし，実際に評価をしたりされたりしている中学生や若い教師のみなさんには，むしろ，そのままの現実であろう。

　評価で大切なことは，指導と表裏一体となっていることであり，学習を展開する生徒や保護者とこれらの情報を共有することである。言うまでもないが，計画的に，情報を生徒や保護者に公開をする。学習前は，これから行う学習は，どのような内容をどのような方法で進め，どのようなことが期待されているのか，そして，学習後は，学習の結果が十分だったのか，さらにどのようなことを補わなければならないのか。具体的には，次のような内容をわかりやすい形で示すことが必要である。

学習前	単元における学習内容，学習のための手立て，生徒に期待する学習活動，生徒に期待する達成規準，達成規準を評価する方法
学習後	評価結果，深化・補充のための手立て

　例えば，生徒には，各単元の学習の始まりのところでガイダンスを行い，学習中は形成的評価を行い，その結果をすぐに返し，学習終了後に単元の総括的評価を行うとともに，その結果をもとにした点検表などをつくり，学習内容の深化・補充の手立てを示すことである。また，保護者には，各学期のはじめに保護者会や学習懇談会などで説明会を行ったり印刷物を利用したりして事前の説明をするとともに，学習中はノートやワークシートを通して進捗状況を伝えたり，学習後は評価結果を点検表などで示したりすることである。

　これらは，いわゆる「フィードバック」である。その「フィードバック」の際に重要なことは，生徒や保護者に，より具体的な学習目標や評価の観点をわかりやすい形で示すことと，評価の結果をその都度伝えるとともに次の学習の手立てを示すことで，学習と評価を一体化させることである。

　このため，普段の授業での形成的な評価が重要となってくる。

・評価結果に基づいた指導計画の検討や修正を随時行う
・各学期の終わりの評定について，事前に算出する計画を立てておく

　特に，２つ目は，内申点として上級学校の選抜に使われる場合，生徒も保護者も注目しており，センシティブな問題となる。学習中に行う観点別の形成的評価結果と総括的評価結果をどのように処理してまとめ，算出・総括するかということは本書の実践事例を参考にしてほしい。

　新しい評価法に向けた改革が着実に進みつつあるが，学校や教師によって大きなバラツキが見られる。そのような足並みが揃わない原因としては，様々な現実的条件の違いをあげることができようが，なによりも教師の意識改革の差が大きな比重を占めているといえる。

　しかしながら，例えば「定期考査を廃止した」中学校が話題になるぐらいであることからわかるように学習成果をペーパーテストによって評価することは，社会的に容認され学校に定着し，なかば常識となっている。それを覆すことは容易ではない。そうするためには，一部の学校の改革だけでなく，保護者を含めて知識を重視する教育観を改め，同時に上級学校の入試制度からペーパーテストを廃止することも必要であろう。

　意識改革から具体的な評価方法の改善を図るためには，小さな工夫を積み上げ，その成果としての生徒の変容を実感できる場を設けることが肝要である。抽象的な論議に終わるのではなく，この着実な実践こそが授業改善として生徒を変えていく。

　本書がその一助となれば幸いである。

山口　晃弘

Contents

第2章　具体的な実例でよくわかる 「主体的に学習に取り組む態度」の評価

第 1 章

新しい学習評価

1 観点別評価を 行うための基礎知識

1 学習指導要領の改訂の概要

　平成29年の学習指導要領では，育成すべき資質・能力として，以下の３つの柱があげられている。

- ・「何を理解しているか，何ができるか（生きて働く「**知識・技能**」の習得）」
- ・「理解していること・できることをどう使うか（未知の状況にも対応できる「**思考力・判断力・表現力等**」の育成）」
- ・「どのように社会・世界と関わり，よりよい人生を送るか（学びを人生や社会に生かそうとする「**学びに向かう力・人間性等**」の涵養）」

　これを受け，各教科等で目標が再整理された。これまでは，校種や教科ごとに目標や内容が決められ，校種間や教科間での関連性，整合性は後回しだった。今回の改訂では，教科を優先させるのではなく，学びの主体者である生徒にどのような力が必要であるかを押さえ，次に育成すべき力を教科等横断的に検討するという順序になっている。中学校理科の目標（資質・能力）と評価規準を見比べてみよう。上下の表の下線の部分が呼応して対応している。

	知識及び技能	思考力，判断力，表現力等	学びに向かう力，人間性等
資質・能力	自然の事物・現象についての理解を深め，科学的に探究するために必要な観察，実験などに関する基本的な技能を身に付けるようにする。	観察，実験などを行い，科学的に探究する力を養う。	自然の事物・現象に進んで関わり，科学的に探究しようとする態度を養う。
	知識・技能	思考・判断・表現	主体的に学習に取り組む態度
評価規準	自然の事物・現象についての基本的な概念や原理・法則などを理解しているとともに，科学的に探究するために必要な観察，実験などに関する基本操作や記録などの基本的な技能を身に付けている。	自然の事物・現象から問題を見いだし，見通しをもって観察，実験などを行い，得られた結果を分析して解釈し，表現するなど，科学的に探究している。	自然の事物・現象に進んで関わり，見通しをもったり振り返ったりするなど，科学的に探究しようとしている。

2　評価とは

❶何のために評価をするのか

　評価の目的は，個々の生徒の学習状況を的確に把握し，指導の改善に生かすことであり，生徒の立場から見れば自身の学習の改善に生かすことである。

　その意味で，カリキュラム・マネジメントの一環としての指導と評価がある。日々の授業で生徒の学習状況を評価し，その結果をもとに教師による指導の改善を図る。大きく捉えれば，それを学校全体としての教育課程の改善，校務分掌を含めた組織運営等の改善に生かす中で，組織的かつ計画的に教育活動の質の向上を図っていく。

❷評価と評定はどう違うのか

　学校教育法の一部が平成19年に改正され，「生涯にわたり学習する基盤が培われるよう，基礎的な知識及び技能を習得させるとともに，これらを活用して課題を解決するために必要な思考力，判断力，表現力その他の能力をはぐくみ，主体的に学習に取り組む態度を養うことに，特に意を用いなければならない」といういわゆる「学力の3要素」が示された。

　生徒の観点別学習状況については，達成状況を評価し，3段階で区分する。

　また，評定は，中学校学習指導要領等に示す各教科の目標に照らして，その実現状況を5段階で区分する。

判断される状況	評価	評定
判断される状況	「A」＝十分満足できる	「5」＝十分満足できるもののうち，特に程度が高い
判断される状況	「A」＝十分満足できる	「4」＝十分満足できる
判断される状況	「B」＝おおむね満足できる	「3」＝おおむね満足できる
判断される状況	「C」＝努力を要する	「2」＝努力を要する
判断される状況	「C」＝努力を要する	「1」＝一層努力を要する

❸授業改善と評価の関わりは何か

　指導と評価の一体化を図るためには，生徒一人ひとりの学習の成立を促すための評価という視点を一層重視することによって，教師が自らの指導のねらいに応じて授業の中での生徒の学びを振り返り，学習や指導の改善に生かしていくというサイクルが大切になってくる。新学習指導要領で重視している「主体的・対話的で深い学び」の視点からの授業改善を通して，各教科等における資質・能力を確実に育成する上で，評価は重要な役割を担っている。

3 「主体的に学習に取り組む態度」の評価

❶「自己調整」「粘り強さ」の評価とは何か

これまでの「関心・意欲・態度」と「主体的に取り組む態度」は異なる。

単に継続的な行動や積極的な発言をするなど，性格や行動面の傾向を評価するということではなく，理科の「主体的に学習に取り組む態度」に係る観点の趣旨に照らして，知識及び技能を習得したり，思考力，判断力，表現力等を身につけたりするために，自らの学習状況を把握し，学習の進め方について試行錯誤するなど，自らの学習を調整しながら学ぼうとしているかどうかという生徒の意思が重要である。

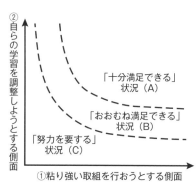

すなわち，**知識及び技能を獲得したり，思考力，判断力，表現力等を身に付けたりすることに向けた粘り強い取組を行おうとしている側面**…①を見取りたい。あわせて，**粘り強い取組を行う中で，自らの学習を調整しようとする側面**…②もまた重要であり，この２つを見取る。授業では，これら①②は別々ではなく，相互に関わり合いながら立ち現れるものと考えられることから，双方を一体的に見取ることも想定される。例えば，自らの学習を全く調整しようとせず粘り強く取り組み続ける姿や，粘り強さが全くない中で自らの学習を調整する姿は，通常はあり得ない。

❷「感性」「思いやり」は評価するのか

「学びに向かう力，人間性等」の評価では，「知識・技能」「思考・判断・表現」と同様に，「主体的に学習に取り組む態度」として，観点別評価として学習状況を分析的に捉える部分と，観点別学習状況の評価にはなじまない生徒の一人ひとりのよい点や可能性及び進歩の状況についての部分がある。前者は，自らの学習状況を把握し，学習の進め方について試行錯誤するなど自らの学習を調整しながら学ぼうとしているかどうかという意思的な側面が評価できる。しかし，後者に含まれる「感性」「思いやり」等の評価の把握は難しく，「個人内評価」を通じて見取り，観点別学習状況の評価の対象外とする。いずれにしても，生徒が学習したことの意義や価値を実感できるよう，日々の教育活動等の中で伝えることが重要となる。

❸「態度」の評価の重みは，他の観点と平均して同じ33%にするのか

観点別評価から評定する際，各観点の重みはこれまでの４観点では25%ずつだった。３観点では，各観点の重みは33-34%になる。まとめると次の表のようになる。

旧	知識・理解	技能	思考・判断・表現	関心・意欲・態度
	25%	25%	25%	25%

新	知識・技能	思考・判断・表現	主体的に学習に取り組む態度
	33%	33%	33%
増減	-17	＋8	＋8

　比較すると，知識や技能の重みが減少し，思考や態度（関心・意欲）の重みが増加している。この変更は，今回の学習指導要領で，育てる力を3つとしたので，評価の観点も3つになったことが背景にある。ここは単純に，4観点では25%ずつだった重みが，3観点では33%ずつになると考えるのが妥当である。学期ごとの総括の場面では，評価資料の数によっては，観点に重みづけをすることはあるかもしれないが，1年間を通しては1：1：1の重みに調整する。ここでは，学習指導要領の改訂に伴い「新しい評価，評定に変わった」と，認識を改めることが必要といえる。

❹どんな場面や方法で「態度」の評価を行うのか

　授業中の行動観察とノート・ワークシートや学習支援アプリのカード等の記述分析から見取るのが行いやすい。「態度」の評価にペーパーテストはなじまない。

　他の評価の観点と同様に，客観性や公平性・信頼性という点で工夫が必要である。生徒の日頃の印象に左右されていないか，長期的に生徒を観察し見落としはないか，どの場面で観察し判断基準を明確にしているか等に留意する。

　行動観察では，授業中に「十分満足できる」状況の表れを個別に見取り，その累積をカウントしていく。直接的で細やかに評価できる。また，意図的でなく自然であり，指導との一体化が図りやすい。評価計画の中で行動や発言を見取りやすい観察場面（例えば，観察，実験や話し合い，作業）を設定し，その場面で態度の評価を集中して行う場合も考えられる。

　記述分析では，ノートやワークシート，学習支援アプリのカード等の記述を通して見取る。その際，「〜が好きになった」「〜をがんばった」「〜に感動した」などという，情意の表現から「態度」を見取るのではなく，「〜がわかった」「〜を継続した」「〜に方法を変えた」などという，認知や行動，意思の表現から「態度」を見取り，それを評価する。

　「態度」の評価では，生徒の学習の変容を捉えることが必要である。学習の初期では，学習課題に対応できなかった低い評価の生徒が，その後の学習を進めていく中で高い評価に変化することもあり，そのために，学習の後半に評価場面を置いたり，学習のまとまり全部を通して見取ったりする。毎時間の振り返りが習慣化されていれば，その記述をまとめて見取ることもできる。

〈山口晃弘〉

2 「主体的に学習に取り組む態度」の具体的な評価方法

1 多様な評価方法

　主体的に学習に取り組む態度の評価方法としては，行動観察と記述分析が一般的である。

　最も使いやすいのが，行動観察である。評価場面は，観察，実験や話し合い，発表などが考えられる。講義中心の授業は，生徒の活動が少ないので，行動観察には向かない。

　また，記述分析も態度の評価に使える。ワークシート・ノート，レポート・作品，ポートフォリオ，相互評価・自己評価など，様々な方法における振り返りの場面が考えられる。

　さらに，知識の評価に適しているペーパーテスト，技能の評価に適しているパフォーマンステストなどで態度を見取ることができなくはない。

　いずれにしても，他の観点と同様に，単元など学習のまとまりごとに場面を設定する。1つの方法だけでなく，複数の方法で継続的，多面的に見取り，総括する。

　態度の評価によく用いられる評価方法を以下にまとめた。

【授業での見取り・行動観察】	【ワークシート・ノート】
・容易で有効な手法である ・直接的で細やかに評価できる 　指導との一体化が図りやすい ・一度に多数の生徒の状況を見取ることが難しく，教師の主観が入りやすい ・客観性や公平性・信頼性を担保する工夫が必要	・授業後の振り返りを記録できる ・学習した用語などの知識を書き出すことによって授業内容を整理できる ・授業中に考えたことを書き出すことによって自らの思考過程を整理できる ・（授業者が）授業内容の到達度を評価できる
【レポート・作品】	【ポートフォリオ】
・記録として残せる ・振り返りを記録させると，レポート・作品そのものとあわせて，粘り強さや自己調整の様子を見取りやすい	・記録として残せる ・過去と現在が比較できる ・内容や考えの変化がわかる ・複数の人数と共有できる
【相互評価】	【自己評価】
・複数の場所で同時に評価できる ・多様な考えにふれることができる ・自己評価の根拠とすることができる ・形成的な評価と総括的な評価の両方で活用することができる	・毎時間容易に行うことができる ・自分自身を客観的に振り返り，学習過程における変容を考える機会を設定できる ・形成的な評価と総括的な評価の両方で活用することができる

2　内容のまとまりごとの評価の具体例

❶評価計画を立てる

　生徒全員の学習状況を記録に残す場面を精選し，かつ適切に評価するための評価の計画が重要になる。評価規準に照らして観察し，毎時間の授業で適宜指導を行う。その中で，記録することになる。学期単位でいえば，観点ごとに数種類ずつ評価資料があるのが通常である。そのためには，いつ，どのような方法で，記録するのか，評価の計画を立てることが大切である。

> 　単元など学習のまとまりごとに，少なくとも１回は，「態度」の評価の観点を評価する。
> 　評価規準をもとに評価し，根拠の明確化を図る。

❷記録を総括する

　適切な評価計画で得た記録の総括は，単元ごとに行う。学期末に回すと，生徒に結果をフィードバックするタイミングが遅れるだけでなく，学期末に集計業務が集中してしまう。

　総括を行う際，観点別学習状況の評価に係る資料が，観点ごとに複数ある場合は，例えば，次のような２種類の方法が考えられる。

【パターン①：A・B・Cの数をもとに総括】	【パターン②：A・B・Cを数値に置き換えた総括】
何回か行った評価結果のA・B・Cの数が多いものが，その観点の学習の実施状況を最もよく表現しているとする考え方に立つ総括の方法である。例えば，３回評価を行った結果が「ABB」ならばBと総括することが考えられる。 　なお，「AABB」の総括結果をAとするかBとするかなど，同数の場合や３つの記号が混在する場合があり，説明を求められた場合に備え，その際の決定の仕方をあらかじめ決めておく必要がある。	何回か行った評価結果A・B・Cを，例えばA＝３，B＝２，C＝１のように数値によって表し，合計したり平均したりする総括の方法である。例えば，総括の結果をBとする範囲を［2.5≧平均値≧1.5］とすると，「ABB」の平均値は，約2.3［（３＋２＋２）÷３］で総括の結果はBとなる。数値で示せるので，一応，根拠のある説明となる。 　なお，評価の各節目のうち特定の時点に重きを置いて評価を行う場合など，この例のような平均値による方法以外の方法も考えられる。

> 　次ページの表では，パターン②の場合，以下のようにしている。
> ・「A」は３点，「B」は２点，「C」は１点とカウントしている
> ・平均点が2.5以上は「A」，2.5未満1.5以上は「B」，1.5未満は「C」と総括している

評価回数が3回の場合						評価回数が4回の場合					
パターン①		パターン②				パターン①		パターン②			
評価	総括	評価	計	平均	総括	評価	総括	評価	計	平均	総括
AAA	A	AAA	9	3.00	A	AAAA	A	AAAA	12	3.00	A
AAB	A	AAB	8	2.67	A	AAAB	A	AAAB	11	2.75	A
ABB	B	ABB	7	2.33	B	AABB	A	AABB	10	2.50	A
BBB	B	BBB	6	2.00	B	ABBB	B	ABBB	9	2.25	B
BBC	B	BBC	5	1.67	B	BBBB	B	BBBB	8	2.00	B
BCC	C	BCC	4	1.33	C	BBBC	B	BBBC	7	1.75	B
CCC	C	CCC	3	1.00	C	BBCC	B	BBCC	6	1.50	B
						BCCC	C	BCCC	5	1.25	C
						CCCC	C	CCCC	4	1.00	C

総括をするとパターン①と②は同じ結果になる

　パターン①のＡ・Ｂ・Ｃの数をもとに総括する方法でも，パターン②のＡ・Ｂ・Ｃを数値に置き換えて総括する方法でも，結果はほぼ同じになる。実際には，評価資料によって重みづけをしたり，Ａ・Ｂ・Ｃではない小テストや定期テストの得点が加わったりで，複雑になるであろう。

　いずれにしても，評価資料ごとの点数化は合理的な根拠で説明できるよう留意する。実際には，これら一連の作業は，表計算アプリや校務支援アプリ等で行う。点数化した評価資料を集計した後，バランスをみる。評価資料ごとに重みづけをして集計する際，教科内で方法を定めておき，担当の教師による評価の「温度差」をできるだけなくしておく。

　ちなみに，実際にはパターン②の手法を採用する学校が多いようだ。2021年7月期に行った東京都中学校理科教育研究会の調査では，パターン①の手法をとった学校はあまり多くない。従来通り「率（100点満点）」でつけている学校が4分の3以上あり，多かった。「これまでパターン②でやってきており慣れている」「パターン①ではクレーム対応で数値での説明がしにくい」という声がある。

3　「評価のための評価」に陥らないために

❶多様な評価方法を取り入れる

　観点別学習状況評価の導入直後は，教師が生徒の記録を気にするあまり，本来の教科指導がおろそかになるという弊害を生んだ。指導に生かしてこその評価だから，これでは本末転倒である。「評価のための評価」にならないように注意しておきたい。

　とはいえ，一人ひとりの学びに着目して丁寧に評価することは，ある意味，教師の仕事が増える。実際のところ，各学校では，通知表で学期ごとの総括的評価を生徒や保護者に伝えたり，さらにそれが高校入試の合否判定資料（いわゆる内申点）として用いられたりする現実がある。

特に入試では，合否に直結することから，生徒や保護者が評定に過敏になり，トラブルも少なくない。

　多様な資質・能力を評価することが重視されるにしたがって，知識・技能だけではなく，資質・能力や態度の評価も見られるようになってきた。定期考査のようなペーパーテストだけでは限界があり，できるだけ多様な評価方法で生徒の学習の達成状況を把握した方がよい。

❷「指導に生かす評価」と「記録に残す評価」の区別を意識する

　「指導に生かす評価」と「記録に残す評価」の区別を意識する。一般に個々の評価資料を集積したものを学期末や学年末の総括的な評価として活用するが，あえて記録に残すことはせず，もっぱら指導に生かすことに重点を置く。

　「記録に残す評価」では，１時間の授業で３観点すべてを記録するのは困難である。どの時間にどの観点に重点を置くかを明らかにし，単元を通して３観点のバランスがよくなるように評価計画を立てる。

　また，記録したすべての評価資料を総括する必要はない。その分，学習の終盤の習得したことが見込まれる場面で記録に残すことに重点を置いた評価をする。

　知識・技能の観点では学習のまとまりごとに行う小テストや定期考査でのペーパーテストで記録に残す評価を行い，それを総括的な評価の資料にすることもできる。普段の授業ではもっぱら指導に生かす評価を行えばよい。

❸評価は日常の指導の反映となる

　「まじめで裏表のない生徒なのですが，得点がとれないのです」という嘆きを聞くことは多い。判定をするときに，評価「Ｂ（Ｃ）」のままにしていいのか，というためらいの表れである。もちろん，計画にしたがい場面を設定した評価をしており，一つひとつの評価は公平で公正である。それでも，評価資料の計算をして総括してしまうと，思いがけない結果が出ることがある。該当の生徒の人柄がまじめであればあるほど，かわいそうに感じる。例えば，「コツコツやる」「忘れ物をしない」「提出物の期限が守れている」だけでは，評価資料として「＋」になりにくい。態度の評価は，「自然の事物・現象に進んで関わり，見通しをもったり振り返ったりするなど，科学的に探究しようとしている」が大原則である。

　もっとも，授業で行った指導を振り返ってみると「コツコツやる」「忘れ物をしない」「提出物の期限が守れている」生徒なら，いずれかの場面で，理科としての学びができているはずである。言い換えると，人柄がまじめな生徒なら，必ず理科としての学びをしているはずだ。そうなるよう指導をしないといけない。

〈山口晃弘〉

3 評価の落とし穴

1 評価項目の見直し

　「関心・意欲・態度」から「主体的に学習に取り組む態度」へと評価の観点の文言が変更となった。この改訂を機に，「今まで教師として適切に生徒の態度を評価できていたのか」について振り返り，評価計画・評価方法を改善していくことが，観点の文言変更のねらいの1つだと考える。

　今まで行ってきた「関心・意欲・態度」の評価方法を振り返っていただきたい。下にあげた評価例のうち，実際に行った経験があるものはいくつあるだろうか。

①手をあげた（発言した）回数で加点する

②話し合い活動で司会者や発表者になった生徒に加点する

③記述文字数や枚数が多いレポートに加点する

④色ペンや写真を多用し，きれいで見やすいレポート（新聞・ポスター）に加点する

⑤汚い字で読みにくかったため，テストやレポートを減点する

⑥授業中寝ている（ふざけている・私語が多い）生徒を減点する

⑦ノートや教科書等，忘れ物をした生徒を減点する

⑧家庭学習用として配付したワークを回収し，取り組み状況が悪かったので減点する

⑨レポートやノートの提出期限を守れなかった（遅刻提出した）生徒を減点する

　これらは，著者自身が過去に受け持った生徒に対して実際に行っていた評価である。自戒の念を込めていわせていただければ，上にあげた項目はすべて「主体的に学習に取り組む態度」の評価方法として適切ではない。

　①〜④は生徒の表面的な表現方法の一部を見ているにすぎず，教科の理解・意欲を評価しているとはいえない。

　⑤〜⑥は授業規律に対する評価であり，理科の授業だけでなく様々な学校生活の場面で繰り返し評価していくものである。よって，教科の評価として記録に残すべきものではない。

　⑦〜⑨は学校や家庭での学習習慣についての評価であり，生徒が理科を主体的に学んでいるかどうかを評価しているとはいえない。

　中学生に「ノートのとり方」「家庭学習の仕方」を身につけさせていくことは大変重要なことであるが，理科の授業中に学習した内容に対しての評価材料としては①〜⑨のどれもが不適切である。しかし，理科だけでなく多くの教科で多くの教師が「関心・意欲・態度」の評価方法として使用してきている背景には，この評価の数値化のしやすさ，生徒・保護者への説明のしやすさ，学習意欲が低い生徒への支援のしやすさなどがある。この「しやすさ」が目隠しとなって，「本来生徒に身につけさせたい力とは何か」が見えにくくなってはいないだろうか。

2　指導と評価の一体化

　教師が陥るもう１つの評価の穴は，「指導なき評価」である。

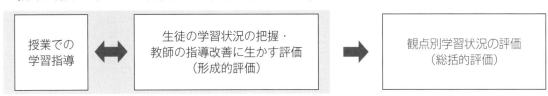

　上の図は，「指導と評価の一体化」を図示したものである。授業では，学習指導と並行して「生徒の学習状況の把握・教師の指導改善に生かす評価（形成的評価）」が行われ，これらが何度も繰り返されていくことで，生徒の様々な学力が育成されていく。「観点別学習状況の評価（総括的評価）」は，このような学習過程を踏まえた後に行うべきものである。つまり，評定のための評価をする前には，生徒と教師との間の形成的な評価のやりとりがなくてはならない。このやりとりがない（指導なき評価）例を１つあげる。

学習内容	評価規準
・自ら光を出すものと光を反射して見えるものがあることに気づかせる ・課題：「光源」の例をいくつかあげよ	・光の進み方やものの見え方に興味をもつ 【主体的に学習に取り組む態度】

　第１学年「光と音」の単元の導入部分である。教師は生徒に「光源」の例をノートに書けるだけ書かせる。どれだけ書けたかどうかで，教師は生徒の学習意欲を評価しようとしたわけである。しかし，この評価は単元の最初に行われており，「形成的評価」のやりとりが全くないため，生徒からしたら「学習していない範囲の抜き打ちテスト」と同じである。

　評価計画を作成する際の注意事項として，「総括的評価」は単元計画の前半に行わないことが大切である。特に，「主体的に学習に取り組む態度」を総括するのは，得られた知識・技能を用いて科学的に思考・探究しようとする態度が見られる場面でなくてはならないため，単元の最後に計画することが望ましい。

〈髙田太樹〉

4　1人1台端末の活用

　形成的評価を随時行う上で，1人1台端末の活用が有効である。

　評価で手間取るのは，評価物を集め，そして返却することである。クラス数が多くなればなるほど，忘れたため遅れて提出する生徒のプリントを仕分けたり，出席番号順に並べ変えたりすることで時間がかかる。だが，1人1台端末の学習支援アプリを利用すると，提出は一元管理され，教師用パソコンからワンクリックで開くこともできる。また，生徒の記述内容を見比べる場合に，画面上で同時に開くこともできる。これは評価に迷いが生じるような微妙な言い回しなども瞬時に判定できることにつながる。評価の質を高めることにもつながる。

1　デジタル教科書を活用する

　教科書会社ではそれぞれ生徒用のデジタル教科書を作成している。今のところ有料であり，教材費に1000円程度組み込むことで，生徒一人ひとりが使用できるようになる。いずれ，教科書よりもデジタル教科書が主流になると考えられる。

　デジタル教科書を使用すれば，教科書に取り入れられた図表や写真を拡大して，より細部まで見ることができる。また，関連のある他教科の教科書の記述内容や既習事項についてのリンクを参照することもでき，カリキュラム・マネジメントとして総合的に学びを深めることができる。さらに理科では，二次元コードを読み取ることで，観察・実験動画や NHK for School の動画を参照できるものもあるため，授業の復習にも活用しやすい。動画を黒板やホワイトボードに映し出すと座席の位置によって見えづらさがあるが，端末を手元で操作し視聴できれば見やすい・見えづらいといった差を埋めることができる。

2　ノートやワークシートのかわりに使う

　今まで，評価の際には，ノートやワークシートを回収し，並べ替え，評価していた。しかし，端末を利用すれば，これらの作業を同時に行うことができる。

　ノートを集めると，回収で手間取ったり，次回の授業までに返却しなくてはいけなかったり，指定したページを開くのがわずらわしかったりすることがある。だが，端末を使えば，カメラで評価したいところを生徒に撮影させ，学習支援アプリで提出させて評価することができる。ワークシートに書き込ませたスケッチや実験結果なども同様だ。気づいたことをできるだけメ

モするように指示すれば，記録に残す評価としても使用できる。

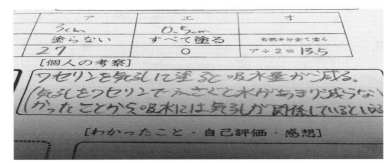

写真1　ワークシートに記述した考察を撮影したものを提出させる

　端末で記述させると，評価物を集めなくても互いの手元に記録が残る。また，手書きよりキーボード入力で作成させた方が，文章が長く，内容も深くなることを実感している。さらに，文章の修正，消すこと・書きたすことも簡単にできる。評価する際，よい点や改善点をペンで書き込むよりも，キーボードを使う方が時間の短縮につながることも実感している。

　提出物は，出席番号順に並べ替えたり，提出者と未提出者を分けたりできる。そのため，未提出者の把握が一覧できる。そして，1人ずつ確認，評価ができるだけでなく，タブを同時に開くことで，同時に見取ることができる。見比べることで，評価における判断基準を明確にすることができる。写真2では4人分の提出物を1つのページで示している。このように一括で見取ると，項目ごとに評価や分析をすることも容易にできる。

写真2　タブを一斉に開き，同じ問題を評価する様子

　課題の評価基準のルーブリックを示しておくことができる。ルーブリックを示すことで，課題に取り組む前だけでなく，課題に取り組んでいる最中，評価後も含めて，整理しながら課題に取り組ませることができる。

3 生徒の評価物のよい例などをすぐ授業で示すことができる

　採点後の評価物の中からよいものを紹介できる。授業中に，生徒の端末に表示させたり，プロジェクターでスクリーンに提示したり，示し方は様々である。クラスごとにコメント機能のあるページがある学習支援アプリでは，アドバイスをコメントとして貼りつけておくことができる。ルーブリックの基準や，文章を作成するときの工夫を指導することができる。

　そこで，端末の撮影機能を使って，観察物とスケッチしたものを撮影し，スライドのアプリに貼る。「観察したいところ」だけをスケッチできているか，評価できる。また，学習支援アプリを活用して，生徒が提出した課題を採点したり評価したりすることができる。必要に応じて再提出させることもできる。

　例えば，「主体的に学習に取り組む態度」については，観察，実験前の現象への考え方と観察，実験後の探究した成果としての考え方や感想を毎回学習支援アプリに打ち込ませると，変容を比較させることができる。

　写真の共有も容易にできるので多くの写真を見て，様々な角度から考察させることができる。

	葉脈が平行の植物				葉脈が網目状の植物			
根の様子(写真)								
植物名	アスパラガス				ブロッコリー			
茎	横断面スケッチ	写真	縦断面スケッチ	写真	横断面スケッチ	写真	縦断面スケッチ	写真
特徴	横断面は、維管束が全体に散らばっている感じ。		縦断面は維管束が平行に並んでいる感じ		横断面は、維管束が輪のようになっている感じ。		縦断面は、維管束が外側にある感じ。	

写真3　植物の茎の断面図とスケッチを並べて撮影し，提出させたもの

4　アンケート機能アプリを使用することで，自動集計し評価できる

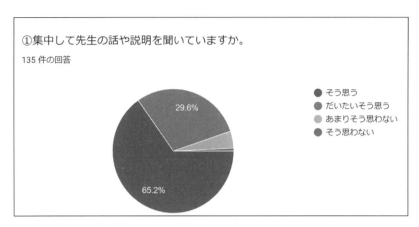

①集中して先生の話や説明を聞いていますか。

135 件の回答

29.6%

65.2%

● そう思う
● だいたいそう思う
● あまりそう思わない
● そう思わない

写真4　生徒の授業自己評価の例

　アンケート機能アプリを使って，自己評価や相互評価を行うと，1時間ごとの授業の深まりや態度などの傾向を瞬時に見取ることができ，指導と評価の一体化につながる。また，表計算ソフトと連動させることで，生徒の手元にすべての自己評価を残すことができ，授業態度の変容を確認できる。

　相互評価では，互いの発表活動などの感想を書かせるだけでなく，友達の意見から新しい気づきや新たな疑問ができたら，そのことについて記述させることで，学びを深めていくことができる。そして，その記述こそが「主体的に学習に取り組む態度」として評価できる。

　評価内容を集計したものを共有することで，生徒も教師もいつでも見ることができる。さらに，その自己評価の内容について，感想などを書かせることで，「主体的に学習に取り組む態度」を教師がさらに評価することができる。

5　生徒たちの学びの過程を見取ることができる

　デジタルホワイトボードを使用して，班で話し合い活動を行う。書き込んだ個人の意見には自分の名前を書かせておく。デジタルホワイトボードは端末内に記録として残るので，授業ではそのデジタルホワイトボードを使って発表させる。教師は，発表の合間に形成的な評価を行う。その単元に関する事物・現象について進んで関わろうとしている内容や新たな問題を見いだそうとしている記述があれば，発表するごとに伝えていく。

　また，授業後に改めて各班のデジタルホワイトボードを教師が確認し，各班で発言や記述ができていない生徒をピックアップし，次回の授業で再度デジタルホワイトボードを使用するときに，意見が出せるように支援する。

デジタルホワイトボードは，話し合い後，最初に書いた仮説がどのように変容したかを教師が見取ることができる。相手の意見を柔軟に取り入れ，自分の考えの矛盾点を指摘できているかなどを記述から分析できる。

単元の最初と，最後に書いたデジタルホワイトボードを比較して，記録に残す評価をするとよい。最初はわからなかったことが，次第にわかるようになっていく様子は，生徒自身が成長を実感するだけでなく，教師も「主体的に学習に取り組む態度」を育成できているという達成感を得ることにつなげられる。単元ごとに記録に残す評価にしてもよい。

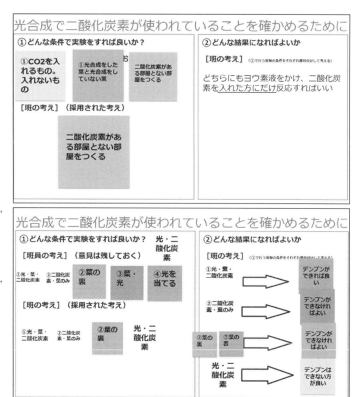

写真5　対話的な学びでまとめたデジタルホワイトボード

6　協働作業で実験の結果を共有できる

実験の結果をまとめる際に，表計算ソフトの１つのシートにそれぞれの班の結果をまとめることができる。

そうすることで，共通の実験でも，結果が異なった場合の考察が簡単にできる。また，他の班と結果が同じになったことから，自分たちの実験が成功したという確信をもたせることもできる。

次の写真６の例では，２年生の化学分野で学習するスチールウールの燃焼による質量の変化と，スチールウールが鉄とは別の物質に変わる方法について，それぞれの班で実験の計画を立てさせた。A〜Dの４つの方法で確かめさせたが，班によって同じ方法もあれば違う方法もあった。それを共有することで，生徒一人ひとりの新しい気づきにつながった。口頭発表させたり，プロジェクターに映したりすることでも補えるが，考察の一つひとつを丁寧に見たり，自分の班との共通点と相違点を見いだしたりするためにも，１つのシートにまとまっていて，なおかつ自分の端末で見ることができることは，思考を整理するためにも役立つ。

班	反応前の質量	反応後の質量	実験Aの方法	実験Aの結果	実験Bの方法	実験Bの結果	実験Cの方法	実験Cの結果	実験Dの方法	実験Dの結果
\[加熱前後の物質の質量はどうなるか？（スチールウールの加熱）\]					\[結果には反応前の物質と反応後の物質の結果のどちらもかくこと。\]					
1	1.19g	1.59g	磁石を近づける	少し引きつけられた	電気を通す	燃やす前は通したが、燃やしたあとは通さなかった	外見を比べる。	燃やす前は薄い灰色で、燃やしたあとは濃い灰色		
2	1．01g	1.26g	電気を通す	反応前：通った	磁石を通す					
3	0．99	1．33	磁石を近づける	どっちもくっついた	たたいた時の反応	どっちも平らく伸びた	電気を通す	反応前：通せた 反応後：通せなかった	金属光沢があるか	
4	1．15g	1．47g	たたく	広がった	電流を流す	流れなかった	磨く	金属光沢は出なかった	磁石にくっつくか	反応前も反応後もどちらもくっついた
5	1．02g	1．25g	磁石にくっつくか	反応前：くっつく 反応後：くっつかない	金属光沢があるか（外見を比べる）	反応前：ある 反応後：ない	電気を通すか	反応前：通す（豆電球が光った）反応後：通さない（豆電球が光らなかった）	延性・展性があるか	反応前：薄く広がった 反応後：広がったが粉々になった
6	1．27	1．68	磁石を近づける	くっついた	電気を通すか確かめる	通った	ハンマーで叩く			
7	1，10g	1，50g	外見を比べる	銀色、黒色	電流を流す	流れた、流れない	磁石を近づける	くっついた、くっついたが弱い	叩く	広がる、粉々になった
8	0.86g	0.96g	電気を流す	流れる、流れない	磁石を近づける	くっついた、くっついた	叩く			

写真6　表計算ソフトのシートにまとめた実験の結果の共有

7　まだまだ広がる活用術

❶CBT

　2025年の理科の全国学力・学習状況調査では，コンピュータを用いた調査（Computer Based Testing，以下CBT）に移行する可能性がある。すでにPISAやTIMSSなどの国際調査は，CBTに移行し，PBT（紙ベースのテスト）では取得困難なデータによって資質・能力を調査している。私の所属校では，家庭学習での状況や教科に関する意識調査をCBTで行っており，その可能性を模索している。

　CBTでは，これまでにできなかったようなテストができる可能性を広げられる。出題時にカラーの図を提示することで，よりリアルに作問することができる。また，顕微鏡で見た画像なども模式図ではなくよりリアルな写真を示すことが可能となる。さらには，現象を動画にして提示し，映像で出題することもできる。

　定期テストをCBT化することも可能になる。本校では，理科に関する用語の問題をアンケート機能アプリで作成した。朝授業の時間を利用して5分ほどで解き，すぐに答え合わせをした。間違えた用語は，用紙に5回ずつ書かせた。この活用が進めば，定期テストもCBT化できるようになる。短答式の問題については，漢字で記入させたり，文字数を限定したりするなど，出題形式を工夫すれば解答は制限できるし，記述式問題についても，解答を類型化して記録するなどして集計することができる。

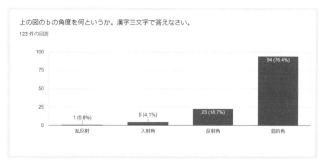

写真7　文字数を限定した用語チェック問題の正答率

写真8は消化管に含まれる器官の回答一覧である。これを活用することで，生徒のつまずきが何かを把握することができ，今後の授業で意識すべき点もまとめることができる。このようにCBT化を図れば，記述式問題は場合によってPBTにし，ハイブリッドで行うなどの工夫も考えられる。

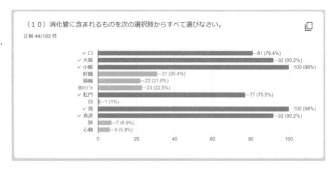

写真8　生徒が選択した消化管に含まれる器官の回答一覧

CBT化には様々な課題もある。特にコンピュータ活用に関する生徒のリテラシーには差がある。不得意な生徒は，本来の資質・能力を評価できない可能性もあるからだ。

❷反転学習，授業のシームレス化を図る

例えば，授業前に動画や資料などを掲示する。生徒はあらかじめ動画・資料を閲覧してから自分の考えをまとめる。授業が始まったら，課題について自由に意見を述べさせる。すると，導入で教師が説明する時間を大幅に短縮し，生徒から考えを引き出す時間を延ばすことができる。雲の動きや夜空の天体のように，授業内でできない観察は，端末を利用して家庭で行わせる。授業後にドリル学習などに取り組ませれば，授業をシームレス化させていくことができる。

❸テキストマイニング

生徒が打ち込んだ文章を単語や文節で区切り，それらの出現回数や相関を解析するテキストデータの分析方法である。

友達の意見の発表を聞きながら，自分の意見と友達の意見のテキストマイニングを行うことで，どんなキーワードをもとに文章をつくっているのか分析させることができる。これらを活用することで，仮説を立てるときにどんな知識を活用しようとしているかがわかるとともに，友達はどんな単語を用いているかを知ることで考えをふくらませ，その後の考えの変容につなげられる。また仮説についても意見を集約しやすくなる。様々なフリーソフトが出ているので，生徒が見やすいものを選択し，話し合い活動などに取り入れることで対話的な学びをより深い学びにつなげていくことができる。

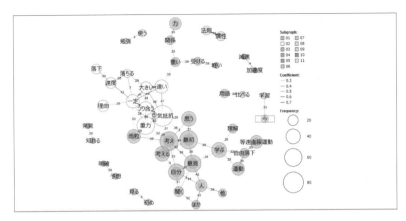

写真9　テキストマイニング

8　「主体的に学習に取り組む態度」の評価に1人1台端末を活用する

　理科の「主体的に学習に取り組む態度」の評価は，単元の最後の方で行うことが望ましい。それは，学習を進めながら，単元で必要な知識，思考力・判断力・表現力を身につけることで，その単元をより深く学びたいという意識が芽生え，より探究しようとする気持ちができあがってくるからであると考える。そこで，授業の過程の中で，小単元や中単元ごとに振り返りを行い，その単元についてより深く考えようとしている態度を見取ることが大切である。

　例えば，中単元前にその単元についての課題を考えさせ，記述させる。その後中単元を学習した後にもう一度同じ課題について考えさせることで，より詳しく書けているか，さらに探究してみようとしているかを感想から読み取ることで評価していく。これは，単元への見通しをもたせることにもつながり，その単元を理解したかという授業改善のための評価にもつながる。その場その場での評価が難しくても，毎時間記録させればそれが端末に保存されるので，自分のタイミングで評価できることもメリットの1つである。

　さらに，最後の時間だけで評価するとなると，一発勝負となり，それまでの「主体的に学習に取り組む態度」を否定してしまうことにもなりかねない。1時間ごとの振り返りや授業の内容について考えさせたことを適宜評価すると，粘り強く取り組む姿勢を見取ることができる。

　効率的な機能を備えた，学習支援アプリを活用することも効果的である。

　学習支援アプリは，各自治体で利用しているものが違うので戸惑うかもしれないが，それは学校を異動した際に，理科室のどこに消耗品があるのかを確認して徐々に新しい環境に慣れていくことと同じである。だから，今あなたの学校で使われている学習支援アプリをしっかりと使いこなすことが大事である。生徒と同様に，1人1台端末に対して，教師が苦手意識をもっていては，絶対に扱えるようにならない。教材研究と捉え，教師のコンピュータ活用リテラシーを高めることが，必ず生徒のためになるということを忘れてはならない。　　　　　　　　〈上田尊〉

5 「主体的に学習に取り組む態度」の評価方法①
授業での見取り・行動観察

1　行動観察の評価の特徴と課題

　「主体的に学習に取り組む態度」の評価は，性格や行動面の傾向を指すのではなく，自らの学習状況を把握し，試行錯誤するなど自らの学習を調整しながら学ぼうとしているかどうかという意志的な側面が重要である。学んだ知識や技能を活用しようとしたり，対話を通して自らの考えを修正しようとしたり，深めようとしたり，新たな課題に気づいたりする態度などがあげられる。行動観察は難しい評価方法とされがちだが知らず知らずのうちに行われている。例えば，机間指導に注目してみたい。教師が「習ったことをうまく活用しているね」「いいところに着目しているね」「新たな疑問が生まれたね」などと声をかけると，生徒の活動がより主体的になるという場面をしばしば目撃する。教師は主体的に学習に取り組む態度を見取り，生徒を後押しする指導を行っており，その営みが学びへ向かう学級の雰囲気を生み出している。

　記録に残す評価として捉えたとき，主に2つの課題がある。1つは，評価の客観性である。態度の評価は，生徒の内面に入り込む面もあり，客観的な評価が難しく，教師の主観が入りやすい評価方法といえる。もう1つは，一度に多数の生徒の状況を見取ることの難しさである。これらが，記録に残す評価の評価方法としては敬遠されがちな理由であろう。

2　行動観察の評価の実際

　主体的に学習に取り組む態度を行動観察によって評価するには，指導計画の中に相当する学習場面を想定しなければならない。年間指導計画と評価計画の重要性が改めて問われるところである。生徒の態度は，必ずしも教師の意図通りに表出されるわけではない。生徒同士の相乗効果で期待以上の成果が見られる場合も多い。普段は目立たない生徒が何かをきっかけに重要な役割を担うこともある。また，態度の表出についても，アピール上手な生徒もいれば，目立たないが実直に活動している生徒もいる。このように考えると，評価方法についてはペーパーテスト等とは異なる発想が必要であろう。生徒の姿を多様な方法で中長期的に見取り，その中で生徒のよさを積極的にすくいあげていくような姿勢が望まれる。

　行動観察を記録に残す評価と捉えたとき，先に述べたような客観性という課題があるが，主体的に学習に取り組む態度の趣旨や学習指導要領の目標や内容をもとに，教師同士で話し合い

を繰り返しながら具体的な規準を定め，それらを手がかりに行動観察を行えば，主観の問題はいくらか解消される可能性がある。例えば，以下のような規準が考えられるだろう。

・既習の知識・技能や生活経験を活用し，問題を解決しようとしている姿が見られるか

・周りの生徒とコミュニケーションをとり，考えを修正したり生み出したりしているか，
　周りの生徒に好ましい影響を与えるなど，考えを深めるために貢献しているか

・学んだことを日常生活や社会と関連づけて考えようとしているか

・疑問をもち，新たに課題を設定しようとしているか

　疑問を呈する生徒，気づきを発信する生徒，情報提供をする生徒，考えの修正を述べる生徒など，教室には様々な生徒が存在する。つい，直接的に解決につながった生徒のみを評価してしまいがちだが，本来はこれらの生徒すべてに価値がある。規準を設定しても，一度の行動観察の機会で見取れる姿はほんの一部であることを評価者は自覚しておきたい。

　評価の方法についての例をあげてみたい。例えば，授業ごとに座席表を用意しておき，望ましい取り組みに気づいた場合は簡単なキーワードでメモをとることが考えられる。詳細な記録を目指すと負担が増し，指導がおろそかになるので，無理は禁物である。また，メモのかわりに，取り組みを評価する券を生徒に渡してノートに貼らせたり，生徒のノートにサインやスタンプで記録を残したりすることが考えられる。その際，正解，不正解ではなく，望ましい態度を評価する。ノート点検等の機会に記録を集約し，評価資料として活用することができる。また，ノートの書き方の工夫も考えられる。紙面の右寄りに縦線を引き，気づいたことなどを自由に記述する欄をつくらせておけば，書き込む様子とその内容から態度を見取ることができる。

3　おわりに

　行動観察は生徒の言動をリアルタイムで捉えることができるため，生徒の状況を把握し，指導に生かすために欠かせない評価である。机間指導の際に，生徒との対話を通して，表出している状況の背景を探ることも大切である。とりわけ，学習に困難を感じている生徒に対しては，生徒を励ます貴重な機会となるだろう。行動観察の評価は，記録に残す評価として単独で使用することに難しさはあるものの，多様な評価方法の1つとして活用する意義は大いにある。

　行動観察に取り組んだ若い先生が「見取っている生徒が一部の生徒に偏っている」と自戒の念を込めておっしゃっていたことが思い出される。行動観察の評価は，教師自らの指導改善にも深く関わる。評価機会が少なければ，どれだけ主体的に学習に取り組む場があったかが問われ，見取った生徒が少なければ，どれだけ生徒と向き合ったかが問われる。行動観察による評価方法は，日頃の指導の在り方が改めて問われる評価方法ともいえるだろう。　　　　〈宮内卓也〉

6 「主体的に学習に取り組む態度」の評価方法②
ワークシート・ノート

1 評価手段・材料としての「ワークシート・ノート」

「授業内容をワークシートやノートに記録する」という活動は，多くの授業において生徒の活動の大半を占めている。実験，観察といった活動を主とした対話的な理科の授業においても例外ではない。つまり，生徒にとってワークシート・ノートに書き込むことは授業そのものであり，教師にとっても，ワークシートづくり・板書計画は，授業づくりと直結している。

ワークシートとノート，どちらにも共通する主な目的（役割）を以下に示す。
①授業後に振り返ることができるように記録をとる
②学習した用語などの知識を書き出すことによって授業内容を整理する
③授業中に考えたことを書き出すことによって自らの思考過程を整理する

これら生徒側の目的に加え，
④学習状況・授業内容の到達度を評価する
という，教師側の視点が重要となる。自分のためだけの「メモ」ではなく，教師が間に入って，生徒を成長させるためのツールと考えるのである。ワークシート・ノートは，教師側からしてみれば，授業中の生徒そのものともいえる。生徒自身がワークシート・ノートを書く理由を理解し，「書かされる」のではなく，「書くことで自分の成長を実感できる」ワークシート・ノートであれば，評価材料として価値が高い。

ファイル・ノートチェックの最も大切なポイントは，教師と生徒の間で「伝え合いのやりとり」をするところにある。やりとりの中で，「進むべき道しるべ」を教師が生徒に伝えていくことこそが評価であり授業である。

ファイル・ノートチェックは，ただ「書いてあるかどうか」を評価するのではなく，教師とのやりとりを通して「生徒が成長する姿」を評価するのである。教師にとっても「粘り強さ」が求められる評価方法といえる。

2 単元末のファイル・ノートチェック

「主体的に学習に取り組む態度」の評価方法の具体的な事例をあげる。本稿で紹介するのは単元に一度のファイル・ノートチェックである。

例えば，単元「光と音」における単元末（もしくは，「光の反射・屈折」の学習直後）の授業で，以下のような総合的・応用的な課題を与える。

「テレプロンプター」が見せる以下の現象について，説明しなさい。
- ・なぜ話し手側にしか画面が見えないのだろうか
- ・なぜ画面はプラスチック板の表面よりも奥に見えるのだろうか
- ・なぜ周りが暗い方が，画面の文字がよく見えるのだろうか
- ・なぜ文字が二重に見えるのだろうか

 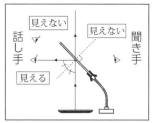

※上図は，国立教育政策研究所の「平成30年度　全国学力・学習状況調査の結果を踏まえた授業アイディア例　中学校」の理科の解説の一部である（https://www.nier.go.jp/jugyourei/h30/data/18idea-msci_01.pdf）

「テレプロンプター」は，透明プラスチック板とPOPスタンド，タブレットPCで自作する。班ごとの観察時間を十分にとる。取り組ませる課題は，選択制にしたり，前もって1つか2つに絞って与えたりすることが考えられる。

この課題を取り組むにあたって，個人の考えを班・クラスで共有し意見交換を行う。課題に対する自分の考えを導いた後に単元全体を振り返らせ，その振り返りの内容を評価する。

ここで，注意すべきポイントが2つある。1つ目は，生徒に与えた総合的・応用的な課題の正答を求めすぎない点である。試行錯誤しながら課題に取り組む過程を重視しているためであり，説明の内容は「形成的評価（思考・判断・表現）」にとどめる。2つ目は，「単元の振り返り欄」に記述させる際の例示（指導）の仕方である。

課題に取り組んだ自らを振り返り，学習前後の考えを比較しなさい。
「誰とどのような対話をし，自分の考えに変化はあったか」
「何に気づいたか」
「どのような知識及び技能を活用したか」
「知りたいこと・疑問に思ったことがあるか」

上記のように具体的な記述方法を示し，生徒自らが自分の変容を表現しやすくするとよい。もちろんこの「単元の振り返り」に関する形成的評価を事前に何度か行っておく必要がある。そうすることで，生徒に教師側の思い（身につけさせたい力，評価の規準・基準）を伝えることができる。

〈髙田太樹〉

「主体的に学習に取り組む態度」の評価方法③
レポート・作品

　理科における「レポート・作品」は，広くは実験報告書や調べたものをまとめたもの等を指すが，ここでは前項の授業内のワークシートやノートへの記述については除き，生徒が自宅学習や長期課題として作成する自由研究や調べ学習のレポート，ものづくりについて取り上げる。

1　自由研究を評価するときのポイント

　夏休みなどの長期休業中の家庭学習として，「自由研究」を課すことが多く見られる。活動の自由度が高く，生徒の主体性が存分に発揮される場面だからこそ，「粘り強い取り組み」や「自己調整」をしっかりと見取り，取り組みを励まし，学習の推進力となるような評価をフィードバックとして生徒に贈りたい。しかし「自由研究」は，課題設定に悩んだり，実験，観察で試行錯誤したりすることが必要で，レポート作成にも時間がかかるため，生徒にとって負担感が大きいのも事実である。未完成であったり提出できなかったりすると評価資料が欠けることになってしまう。十分な動機づけ，事前の授業で適切な指導や支援を行い，生徒が見通しをもち，取り組めるよう計画的に指導したい。自由研究のレポートを「主体的に学習に取り組む態度」の観点で評価するときには，次のような点を見るとよいだろう。

・身近なことに目を向け，自分の興味・関心に応じて課題を設定しているか
・いくつもの実験や観察を行ったり，結果から新たな疑問を見つけたりして次の実験を行うなど，課題を掘り下げて解決しようとしているか
・これまでの学習内容を活用したり，新たな方法を調べたりして，実験方法を工夫するなど，粘り強く取り組んでいるか
・自由研究を通して，新たな疑問や興味を見いだし，取り組もうとしているか

　ここで注意したいことは，実験の内容や正確さ，考察の妥当性等については，「思考・判断・表現」として評価すべきということである。

2　調べ学習を評価するときのポイント

　単元末などに，学習内容を広げるために，関連することについて「調べたことをまとめたレ

ポート」を作成させることがある。今やインターネットで手軽にいくつもの資料から膨大な情報を得ることができ，生徒たちも情報を収集することには慣れている。課題とした単語を検索して出てきた文章をただ写すだけ（いわゆるコピペ）ではあまり意味がないが，多くの情報の中から，学習に関連した内容で自分が興味のあることや，科学的に正しい情報を取り出してまとめることは，主体的に学習を進める活動といえる。

　また最近では，いろいろな ICT ツールを活用した発表活動も負担なく行えるようになってきた。グループやクラスで情報を共有すれば，学習をさらに広げていくことにつながり，他の人の視点やまとめ方からも学ぶことができるため，レポートを利用して発表活動も行わせたい。

　調べ学習のレポートを評価する際は，例えば次のような点に着目することが考えられる。

【レポートの内容から見取ること】

・身近なことに目を向け，自分の興味・関心に応じて課題を設定しているか

・いくつもの情報を精選するなど，粘り強く取り組んでいるか

・新たな気づきがあったり，調べたりしたことに対して自分の考えをもっているか

【レポート作成や，発表後の振り返りから見取ること】

・レポート作成から学んだことを次に生かそうとしているか

・他の人の発表を聞いて，学びを広げられているか

3　ものづくりを評価するときのポイント

　学習内容を活用したものづくりを課題とする場合，しくみを考えながら作成する過程が大切である。科学の原理を利用してつくられたものに興味をもたせたり，先人の工夫に目を向けさせたりして，科学の有用性にも気づかせたい。また，最後まで作品をつくりあげたり，生徒同士でうまく作成するコツを教え合ったりすることも，粘り強さや自己調整の視点で捉えたい。

　例えば，クリップモーターの作成では次のような点で評価するとよい。

・作品を最後までつくりあげられたか（作品）

・モーターが回るしくみを考えながら作成していたか（行動観察）

・より速くモーターが回るための工夫をしていたか（振り返り・行動観察）

・他の人と作成のコツを教え合うことができたか（振り返り・行動観察）

・日常で使われているモーターの工夫に気づくなど学習を広げられているか（振り返り）

　作品をつくる過程を行動観察で見取り，あわせて振り返りとして「具体的に，どのように工夫したか」などを書かせたり発表させたりして，ものづくりを通して気がついたことを表出させるとよい。

〈和田亜矢子〉

8 「主体的に学習に取り組む態度」の評価方法④
ポートフォリオ

1 ポートフォリオから生徒の学習を再現する

　記録したノート，写真や動画等でつくる「学習のアルバム」をポートフォリオと捉え，生徒の活動の記録を残すことについて考えたい。「主体的に学習に取り組む態度」の評価では学習の過程を再現しながら生徒の変容を見取ることが大切である。そこで，指導計画の3つの場面でのポートフォリオの活用⑦～⭕を目的とした事例から，具体的な学習内容と期待できる生徒の変化を述べたい。

> ポートフォリオの活用
> ⑦記録として残せる
> ④過去と現在を比較できる
> ⑦内容や考えの変化がわかる
> ⭕複数の人数と共有できる

【導入】（⑦）
・過去の学習内容を振り返り，「知っていること」を記録して整理し，「わからないこと」を考え記録する（④）

【学習中】（⑦）
・学習の途中で「わかったこと」を記録して学習内容を再認識し，習得の状況を生徒自身で確認する（④）
・観察や実験の結果の記録から，課題に正対した考察をまとめる（⑦）
・記録を整理して，その過程から生まれた新しい疑問をもとに，解決が可能な課題を設定し，解決するための方法を立案する（⑦）
・記録した箇所を見て疑問や課題を設定する過程を振り返り，「考察が課題から外れていないか」「内容は十分であるか」について確認する（⑦）
・グループや小集団の中で，結果の考察や疑問の解決までの過程を示した発表の記録と他の人の考えの記録から，自分の考えを再検討する（⭕）

【学習のまとめや振り返り】（⑦）
・習得の内容や状況を記録から確認する（④）
・自分の考えの再検討から新しい疑問や次の課題を設定する（⑦）

2 連続的に探究に取り組む生徒の姿の記録から，学習の過程での思考の深まりを評価する

　「主体的に学習に取り組む態度」について，学習前後の生徒の変容の様子を捉え，学習の過

程での思考の深まりを評価する。ポートフォリオは連続的に探究に取り組む生徒の姿の記録であり，生徒の活動を再現することが可能である。例として，「気体の性質」の単元において，マインドマップを使って表現しポートフォリオを記録の１つとして評価資料を作成した事例を以下に示す。

　「気体の性質」の単元の導入と学習の振り返りの時間に，「気体」をテーマにマインドマップを作成してポートフォリオとして記録を残すことを指示し，下記の評価基準から評価資料をもとに主体的に学習に取り組む態度の評価を行った。２回のマインドマップの作成時には，「知っていること」，「わかっていること」，「学んだこと」や「気づき」，「新しい疑問」などについて記述するように指示した。

　「気体の性質」主体的に学習に取り組む態度の評価基準
　①学習の前後を比較し，気体の発生と性質について，文字や図を使って表している
　②複数の気体の発生や性質について，共通点や相違点を整理して表している
　③気体の発生や性質を日常生活との関連から調べ，考えたことを整理して表している

　　下の生徒のマインドマップでは，導入時には小学校での学習をもとに複数の気体の名称をあげている。学習の振り返り時には，酸素と二酸化炭素の２種類の気体を取り上げている。ここでは，中学校の学習で習得した気体の発生と性質と植物や動物の活動，日常生活と関連づけた図を作成している。このように，連続的に探究に取り組む生徒の姿の記録から，学習の過程での思考の深まりを見取り，主体的に学習に取り組む態度を評価することができる。

　　また，ワークシートに継続して自己評価を記入することや，学習のまとめの発表会での相互評価の内容をポートフォリオとして活用し，生徒が主体的に学習に取り組む態度の評価をすることができる。さらに，生徒が「主体的に学習に取り組む態度」の評価をもとにポートフォリオの記録を活用して学習の過程を振り返り，自己調整を行い粘り強く学習に取り組むことが，探究的な学習を進めるために必要であると考えている。

〈青木久美子〉

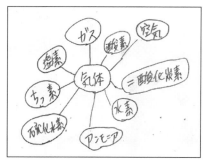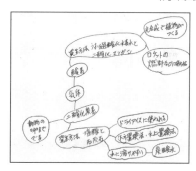

学習の深まりが見て取れる

導入時　　　　　　　　　　　　　　　　　学習の振り返り時

気体の学習での生徒のマインドマップ

9 「主体的に学習に取り組む態度」の評価方法⑤
相互評価・自己評価

1 主体的に学習に取り組む態度の 相互評価・自己評価による評価の特徴

　相互評価・自己評価は，多くの教師が普段の授業で取り入れているだろう。それだけなじみがある評価方法である。次の表は，筆者が考える相互評価・自己評価の特徴である。

相互評価の特徴	自己評価の特徴
・複数の場所で同時に評価できる ・行動観察の裏づけをとることができる ・自己評価の根拠とすることができる	・毎時間容易に行うことができる ・自らの変容を実感する機会を設定できる ・学習の過程を振り返る機会を設定できる
相互評価・自己評価に共通する特徴	
・記号や数値，記述で評価させることで，全生徒にとって平等な評価機会を設定できる ・形成的な評価と総括的な評価の両方で活用することができる	

　これらの特徴を生かすことで，主体的に学習に取り組む態度を評価することができる。

2 相互評価・自己評価の場面

❶相互評価
　相互評価を生徒同士で共有することで態度の形成的な評価として活用できる。

①パフォーマンステストにおける相互評価
　パフォーマンステストは，ガスバーナーや顕微鏡など，技能の評価場面で活用されている。評価の観点に態度に関わるもの（「一生懸命に取り組んでいたか」など）を設けることで，態度の評価として活用できる。また，教師の行動観察の裏づけをとることができる。

②ワークシートやノートの相互評価
　単元の終わりや学期，学年の終わりなど節目ごとに行うことが考えられる。「板書の内容をわかりやすくまとめているか」などの観点を提示して相互評価を行うことで，生徒がワークシートやノートのよいとり方を学ぶ機会としても設定できる。

③発表活動における相互評価
　探究的な学習を行った後などの発表活動の際に相互評価を行うことで，生徒は自分たちの学

習の過程を客観的に振り返りやすくなる。態度や思考の過程を評価させる方法がある。

	態度における評価	思考の過程における評価
観点	・わかりやすい発表だったか ・班員が協力して取り組んでいたか ・課題に粘り強く取り組んでいたか	・自分たちの実験方法との比較 ・結果から得られる考察の妥当性 ・得られた結論と課題の対応性
方法	・記号や数値による評価 ・記述があってもよい	・記述による評価

❷自己評価

　自己評価の場面を設定することで，生徒は自らの学習を調整する機会を得ることができる。

①毎時間の自己評価

　授業の終わりに学習の取り組みを記号や数値，記述（「授業に進んで取り組むことができたか」など）で自己評価する。教師は生徒の自己評価に対してスタンプを押したりコメントをしたりすることで，態度の形成的な評価として活用できる。

②学習のまとまりで行う自己評価

　学習のまとまり前後に自己評価をすることで，生徒は学習の過程における自身の変容を実感しやすくなる。教師は記述内容を態度の評価に活用することもできる。

③相互評価を踏まえた自己評価

　生徒は他の班の発表などを踏まえ，自分たちの班のよかった点や改善点，今後の学習にどのようにつなげることができるかを自己評価する。教師は記述内容を態度の評価に活用することもできる。

3　おわりに

　相互評価・自己評価を行うことで，生徒が「主体的に学習に取り組む態度」を評価することができる。特に，相互評価による形成的な評価は，大きな効果が期待できる。教師による評価だけでなく，友達からの評価も生徒の学習の意欲を大きく向上させる。相互評価シートのようなものを用意し，評価後にシートを友達に手渡しするなど評価を共有できるように工夫したい。ただし，数値による自己評価を総括的な評価として記録に残すことは，慎重に判断する必要がある。生徒の態度を評価として記録に残すために，教師による評価は必須である。また，その際相互評価は参考にできる。記述だけでは評価できない部分もある。自身の変容を言語化できない生徒がいる。評価の機会は均等であるが本当に公平性が保たれているのかは，教師が吟味をして再検討する必要がある。うまく記述できていない生徒は，授業での行動観察をより丁寧に行うなど，丁寧に支援していくとよい。

〈佐久間直也〉

第 2 章

具体的な実例でよくわかる
「主体的に学習に取り組む態度」
の評価

1

第1学年　物理領域（第1分野(1)「身近な物理現象」）
光

1　どの場面で評価するのか―単元の指導計画（4時間）

時間	指導のねらい・学習活動	重点	記録	備考［記録方法］
1	・光の道筋を観察して直進性を確かめ，光源から発した光が物体に当たることに気づく。 ・回折格子によって光が分けられることを見いだす。	知		・物体表面によって，はね返る光の色が異なることを理解している。
2	・光線が鏡で反射すること，そのときの法則性を見いだす。 ・反射の法則によって，鏡の中にできる像の場所について確かめる。	思	○	・鏡面で光が反射する実験をもとに，光の反射の法則を理解している。［記述分析］
3	・反射による像がどこにできるか，を作図によって求める。	技 態		・鏡面に当たる光線の作図を行い，像の位置を理解している。［記述分析］ ・作図の修正に関する指導を行う。
4	・全身を映す鏡の大きさを調べる。	思 態	○	・習得した知識・技能を活用して，主体的に課題に取り組み，意欲的に学習する姿勢が見られる。［記述分析］

※記録の欄に○がついている授業は，教師が生徒の学習状況を意図的に記録する。

※記録の欄に○がついていない授業は，指導を優先し，網羅的な評価はしない。必要に応じて生徒の学習状況を把握し，次時以降の指導の改善に生かす。

※「主体的に学習に取り組む態度」の評価を第3・4時に置いたのは，第3時のワークシートの作図の指導を第4時の学習で生かす意図がある。

※小単元「㋐光の反射・屈折」の中の「光の反射」部分のみの計画として示している。

2　どんな授業の進め方をするのか―評価計画

(1)授業のねらい

　物体を鏡に映したときの，物体と像の位置関係を調べる実験を通して，全身を映す鏡の大きさを考え，日常生活との関連を見いだす。

(2)「主体的に学習に取り組む態度」の評価規準

　ものの見え方と反射の法則など，学習した知識・技能を活用して，全身を映す鏡の大きさを実験と作図からもとめ，日常生活との関連を見いだそうとしている。

(3)指導と評価の流れ

学習場面	学習活動	学習活動における具体の評価規準	評価方法
導入	・鏡の見え方と反射の法則について復習する。 ・大きめの鏡に映る自分の姿と像の間の関係について，気づくことは何かを考える。		
展開1	・課題を確認する。 指示：全身を映す鏡の大きさを考えよう。 ・鏡の大きさを予想する。 　①全身より大きい鏡 　②全身と同じ大きさの鏡 　③全身より少し小さい鏡 　④手鏡くらい小さくてもよい	※鏡から離れれば小さな鏡でも全身が映ると思っている生徒や，身長と同じ大きさの鏡でないと映らないと考えている生徒がいるので，実験前に予想させる。	ワークシート（記述分析）
展開2	・全身を映すために必要な鏡の大きさを計測する。		
展開3	・実験結果をもとに作図を行い，予想を確かめる。 ・全身を映すために必要な鏡の大きさについて考察する。		
まとめ	・本時を振り返り，学習したことや日常生活との関わりについて記述する。	・課題と光線の作図を振り返り，日常生活に現れる学習した内容との関わりを見いだそうとしている。	ワークシート（記述分析）

(4)評価の場面

　ワークシートの提出後，記述した内容を見取る。

3　いかに評価を見取るか―評価例

　第3時の反射の法則の作図において形成的評価と指導を行い，反射光の作図の習得を目指す。日常生活との関連に思い至るためには，作図に基づく現象の理解が重要な要素である。その上で習得した技能を活用する課題に取り組むことで，活用の経験を通して光の反射と日常生活との関連や新たな疑問を見いだす活動を設定した。日常生活で反射の現象について目にする機会は多いが，そうと認識している生徒は少ない。単元の端緒から例をあげて意識させ，似たような現象に思い至るように計画的な指導を行う。

　本時では，授業実施後に回収したワークシートの記述を通して，学習において生徒の考えを見取ることにより，態度の評価を行う。

❶評価基準

「A」＝十分満足できる	作図を用いて全身を映す鏡の大きさについて説明しているとともに，日常生活での事例をあげて考察や疑問を提示している。
「B」＝おおむね満足できる	作図を用いて全身を映す鏡の大きさについて説明している。
「C」＝努力を要する	作図ができない。または全身を映す鏡の大きさについて説明していない。

❷評価Bの例

　この記述は，光線の作図を用いて鏡の大きさについて書いている。日常生活との結びつきや新たな疑問はなく，感想にとどまっている。このことから，主体的に学習に取り組む態度の観点で「おおむね満足できる」状況（B）であると判断した。

【評価Bの記述例】

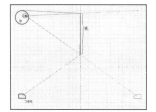

体の大きさの半分でよい。

【評価Bの記述例】

　自分のつま先よりも上の部分の鏡につま先が映っているので，それより下の部分の鏡は必要ない。

　鏡の反射によって全身が映る鏡の大きさについて理解できた。

❸評価Aの例

　この記述からは，作図を用いて鏡の大きさを求めていることがわかる。また学習内容と日常生活との結びつきが書かれている。このことから，主体的に学習に取り組む態度の観点で「十分満足できる」状況（A）と判断した。

【評価Aの記述例】

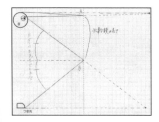

鏡の大きさは上のAからBまでの長さ。Bの高さは目とつま先の中間なので，ちょうど身長の半分の長さが必要になる。

【評価Aの記述例】

　お風呂の鏡が床より高い位置にあるのに足まで見える理由がわかった。

　位置は全員同じになると思ったが，頭の位置が違うので，映る場所が変わるのだとわかった。

❹評価Ｃの例

　これらの生徒の記述は，誤った認識のままになってしまったり，まとめの記述だけを抜き出したりといった安易な内容になっている。

　このことから，主体的に学習に取り組む態度の観点で「努力を要する」状況（Ｃ）と判断した。

> 【評価Ｃの記述例】
> 　鏡が遠かったら全身が映る。

> 【評価Ｃの記述例】
> 　半分でいいので，むだづかいが防げた。

❺評価Ｃの生徒に対する今後の指導の手立て

　作図ができていない生徒については，物体の像が対称にできることなど，作図の基本について丁寧に指導を行うようにしていく。前時にあたる第３時の反射光線の作図のとき，行動観察やワークシート等を用いて十分な形成的評価と指導を行うことによって，技能の観点における評価基準を達成できるようにする。その上で，作図が示す事柄に気づけるような声かけやヒントカードなどを用いたフォローを授業中に行い，文章として形にできるよう指導を行う。

　一方，日常生活との関わりや新たな疑問を見つけることは，簡単にできることではない。本単元に限らず授業において様々な話題を取り上げ，理科的な内容がたくさんの事柄に関係していることを示す。授業の中でちょっとした疑問を歓迎する場をつくっていくことが大切である。１人１台端末を活用し，生徒の気づきを共有するようなしくみを用意することも考えられる。それにより，次の学習では，振り返った学習内容と自分の体験を止揚してつなげるような生徒が増えてくるだろう。

4　指導と評価の一体化を図るために

　「主体的に学習に取り組む態度」を評価するためには，本時に至るまでの指導が欠かせない。形成的評価と指導の繰り返しによって，総括するにたる評価を行うことができる。それこそが指導と評価の一体化の目指すところであり，生徒の成長を促す活動になり得る。評価Ａの例のような記述をはじめからできる生徒は少ない。日々の授業で形成的評価と指導を計画的に実施していくことが大切である。

　本単元では特に，学習内容を活用して作図をもとに振り返って日常生活との関わりを考えさせる。そのための問いかけや布石が必要になる授業である。これらの細かな積み重ねによって，学習した内容と日常生活との関わりの連想が強く働くようになれば，生徒の理解も深まるだろう。

〈中島誠一〉

2 | 第1学年　化学領域（第1分野⑵「身の回りの物質」）
物質のすがた

1　どの場面で評価するのか─単元の指導計画（9時間）

時間	指導のねらい・学習活動	重点	記録	備考［記録方法］
1	・演示実験「物質X（酸化銀）の熱分解」を通して，化学変化とは何か，水上置換法で気体を捕集し特定する方法を理解する。	知		・化学変化とは何か，水上置換法で気体（酸素）を捕集し，特定する方法を理解している。
2	・ガスバーナーの構造を理解し，正しく安全に使用する。	知		・ガスバーナーの構造を理解し，正しく安全に使用することができている。
3	・実験「物質Y（過炭酸ナトリウム）の分解」を行い，水上置換法で気体（酸素）を捕集し特定する。	知		・水上置換法で気体（酸素）を捕集し，特定する技能を身につけている。
4	・実験「物質Z（炭酸水素ナトリウム）の熱分解」を行い，水上置換法で気体（二酸化炭素）を捕集し特定する。	知		・水上置換法で気体（二酸化炭素）を捕集し，特定する技能を身につけている。
5	・実験「亜鉛と硫酸の反応」を行い，水上置換法で気体（水素）を捕集し特有の性質を理解する。	知		・水上置換法で気体（水素）を捕集する技能を身につけ，特有の性質を理解している。
6	・実験「塩化アンモニウムと水酸化カルシウムの反応」を行い，上方置換法で気体（アンモニア）を捕集し特有の性質を理解する。	知		・上方置換法で気体（アンモニア）を捕集する技能を身につけ，特有の性質を理解している。
7	・未知の気体（窒素）を特定するための実験計画を立案する。	思	○	・既習事項を活用して，未知の気体（窒素）を特定するための実験計画を立案している。
7		（態）	（○）	［ワークシート・行動観察］
8	・未知の気体（窒素）を，実験を通して特定する。	思	○	・未知の気体（窒素）を特定しようとしている。
8		（態）	（○）	［ワークシート・（行動観察）］
9	・未知の気体を特定する実験について発表会を行い，相互評価・自己評価をする。	態	○	・他の人と自分の実験方法や考えを比較し，よかった点や改善点を表現し次の学習につなげようとする姿勢が見られる。 ［ワークシート・行動観察］

※記録の欄に○がついている授業は，教師が生徒の学習状況を意図的に記録する。

※記録の欄に○がついていない授業は，指導を優先し，網羅的な評価はしない。必要に応じて生徒の学習状況を把握し，次時以降の指導の改善に生かす。

2　どんな授業の進め方をするのか─評価計画

(1)授業のねらい

　　未知の気体を特定する実験について発表会を行い，相互評価・自己評価をすることができる。

(2)「主体的に学習に取り組む態度」の評価規準

　　他の人と自分の実験方法や考えを比較し，よかった点や改善点を表現し次の学習につなげようとする姿勢が見られる。

(3)指導と評価の流れ

学習場面	学習活動	学習活動における具体の評価規準	評価方法
導入	・本時の活動を確認する。		
展開1	指示1：自分たち班の実験方法と結果，その結果から考えられることを発表しよう。		
展開1	・班ごとに前時の実験を振り返りながら発表の準備をする。 ・1班2分以内で発表する。 ・他の班の発表を聞き，よかった点や改善点をワークシートに記録する。【相互評価】		
展開2	・未知の気体の正体が窒素であることを知る。 ・窒素の性質を理解する。		
展開2	①窒素は反応性が低い気体である ②その性質を活用して，缶コーヒーやお茶，お菓子の袋に窒素充填がされ，食品の味や香りが変化しないよう工夫されている		
展開3	指示2：他の人と自分の実験方法や考えを比べて，よかった点や改善点を自己評価しよう。		
展開3	・他の人と自分の実験方法や考えを比べて，よかった点や改善点をワークシートに記述する。【自己評価】	・他の人と自分の実験方法や考えを比較して，よかった点や改善点を表現し，次の学習につなげようとする姿勢が見られる。【主体的に学習に取り組む態度】	記述分析
まとめ	・ワークシートを提出する。		

(4)評価の場面

　　ワークシートの提出後，自己評価の記述を見取る。その際，第7時の実験計画の立案に取り組む様子の行動観察やワークシートの記述，第8時の実験に取り組む様子の行動観察も参考にする。

3 いかに評価を見取るか─評価例

　「主体的に学習に取り組む態度」を見取るために，単元を通して学習した知識・技能を活用して未知の気体（窒素）を特定する場面を設定した。窒素は反応性の低い気体であることから，可燃性も助燃性も水溶性もない。また，石灰水を白濁させることもない。そのため実験結果から簡単に気体を特定することができない。既習事項を活用したり仲間と対話したりして，様々な角度から実験を実施し，消去法で気体が窒素である可能性を高めていく必要がある。

　生徒は，第7時ではじめから気体の正体が窒素であると予想して実験を計画するわけではない。予想する気体の種類が違えば，実験方法が異なる。また，ある特定の気体を特定するための実験方法も1つではない。つまり，第9時では自分とは異なる実験方法や考えに多くふれられることが期待される。そこで，第9時の発表活動で相互評価を行い，自分の班と他の班の実験方法や考えを比較した上で自己評価することで，自分たちのよかった点や改善点が見つけやすくなると考える。自己評価内で，よかった点や改善点を次の学習につなげようとする姿勢が見られることを期待したい。自己評価は次のワークシートに記述させ，授業実施後に回収し記述分析を行う。

【相互評価】
発表を聞いて，他の班のよかった点や改善点を書きましょう。

	よかった点	改善点		よかった点	改善点
1班			2班		

【自己評価】
　他の班の発表内容と比べて，自分たちの班のよかった点や改善点にはどのようなことがあったか，それを今後の学習にどのようにつなげるか書きましょう。

記述分析を行うところ

---

❶評価基準

「A」＝十分満足できる	「B」に加え，今後の学習でどのような点を継続，もしくは工夫しようとしているのか，具体的に読み取れるもの。
「B」＝おおむね満足できる	他の人と自分の実験方法や考えを比較し，よかった点や改善点を表現し，今後の学習につなげようとしているもの。
「C」＝努力を要する	「B」と比べて，よかった点や改善点が何だったのか，具体的に読み取れないもの。または，記述がないもの。

❷複合的な評価

　態度の評価は，自己評価の記述分析を基本としながらもその他の側面も積極的に評価する。今回の指導計画では，単元で学習した知識・技能を活用して生徒が活躍することができる場面を第7時〜第9時に設定した。単元における態度の評価だからこそ，計画の場面で力を発揮する生徒もいれば，実験や最後の振り返りの場面で力を発揮する生徒もいる。教師は，第7時〜第9時におけるどこかの場面で生徒が主体的に学習に取り組んだ様子を積極的に評価したい。具体的には，以下のような事例が考えられる。

【事例①】

　自分の考えを記述することが苦手で，自己評価の記述分析では評価がCだった生徒が，第8時の実験を実施する場面で，班の実験が行き詰まったときに新たな実験を提案しようとする姿勢が行動観察によって確認できていた。このことから，単元における態度の評価をBとする。

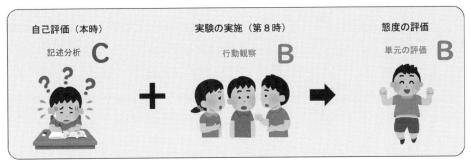

【事例②】

　自己評価の記述分析では評価がBだった生徒が，第7時の実験計画の立案の場面で，これまでの既習事項を活用して，気体の正体を多くの実験から明らかにしようとしていることをワークシートの記述分析で確認できていた。このことから，単元における態度の評価をAとする。

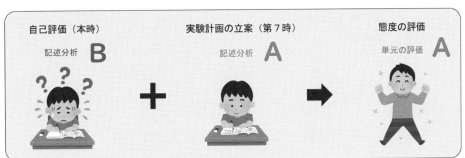

　事例①・②のように，第7時〜第9時のどこかで生徒の主体的に学習に取り組む場面を見つけた場合，教師は積極的に評価として記録に残し，生徒にフィードバックしてあげたい。しかし，授業は評価のために行うものではない。教師自身，生徒の評価を見取ることに必死になりすぎて，授業の進行に支障が出るようなことがないように注意する必要がある。

❸記述のみで評価した例

①評価Bの例

　この生徒は，他の人と自分の実験方法や考えを比較し，改善点を表現し，今後の学習につなげようとしていることが記述から読み取れる。このことから，主体的に学習に取り組む態度の観点で「おおむね満足できる」状況（B）と判断した。

【評価Bの記述例】
　私たちの班は，他の班と比べて行った実験の数が少なかった。より多くの実験を行うことで，気体の正体が「窒素」であることを自信をもって言えるようになると思った。

②評価Aの例

　この生徒は，他の人と白分の実験方法や考えを比較し，改善点を表現し，今後の学習でどのような点を工夫しようとしているのか，記述から具体的に読み取れる。このことから，主体的に学習に取り組む態度の観点で「十分満足できる」状況（A）と判断した。

【評価Aの記述例】
　今回の実験で，私たちの班では気体が水に溶けやすいかを確認する前に，リトマス紙の実験を行っていた。これから実験を計画するときに，これまでに習ったことを振り返ってから行うようにしたい。

❹記述に，第7時の実験計画の記述及び第8時の行動観察も加味して評価した例

①評価Bの例

　この生徒は，他の人と自分の実験方法や考えを比較し，よかった点や改善点が何だったのかが記述から具体的に読み取れない。この

【評価Cの記述例】
　班のみんなと協力して実験を行うことができた。

ことから，自己評価の記述分析では主体的に学習に取り組む態度の観点で「努力を要する」状況（C）と判断した。しかし，第8時における行動観察で，班内で気体の正体を特定するためにどのような追加実験を行うか悩んでいたところ，この生徒が班員に新たな実験を提案している場面を確認することができていた。つまり，この生徒は決して「努力を要する」状況（C）ではないと判断した。このことから，自己評価に行動観察の見取りを加味して，主体的に学習に取り組む態度の観点で「おおむね満足できる」状況（B）とした。

②評価Aの例

　この生徒は，他の人と自分の実験方法や考えを比較し，よかった点を表現し，今後の学習につなげようとしていることが記述から読み取れる。このことから，自己評価の記述分

【評価Bの記述例】
　私たちの班は，計画した通りに実験を行うことができて，気体の正体が窒素であるという結論を出すこともできた。次の実験でも，仲間と協力してがんばりたい。

析では主体的に学習に取り組む態度の観点で「おおむね満足できる」状況（Ｂ）と判断した。

　しかし，第7時における気体を特定するための実験計画を立案したワークシートの記述分析より，この生徒は気体の正体が酸素だと予想して，助燃性のみならず気体が水に溶けにくいことや石灰水を白濁させないことがわかる実験を計画するなど，既習事項を活用して主体的に気体を特定しようとしていることが確認できた。つまり，この生徒は決して「おおむね満足できる」状況（Ｂ）ではないと判断した。このことから，自己評価に行動観察の見取りを加味して，主体的に学習に取り組む態度の観点で「十分満足できる」状況（Ａ）とした。

❺評価Ｃの生徒に対する今後の指導の手立て

　記述で態度を見取る場合，その生徒のメタ認知能力や表現力が十分に育っているのかという問題を無視できない。特に，1年生の段階ではそれらの能力を丁寧に育てていく必要がある。

　メタ認知能力が十分に育っていないと思われる生徒には，自身の活動を客観的に振り返るための支援をしたい。そこで，相互評価を踏まえて自己評価を行うことで比較する対象が生まれ，自分のことを客観的に振り返りやすくなると考える。表現力が十分に育っていないと思われる生徒には，はじめに振り返りの意図が伝わっているか確認したい。そもそも，何を書けばよいのかわかっていないことが往々にある。教師は，これまでの授業を通して記述が苦手そうな生徒を把握しておき，あらかじめ支援が必要そうな生徒をピックアップしておき，その生徒の表現力を高めるために自己評価の場面で個別に声かけをしていきたい。

4　指導と評価の一体化を図るために

　提案する授業では，事前に気体の性質に関する知識及び検証する方法を理解させておく必要がある。今回の指導計画でいう第1時～第6時で学習した内容を，その都度表などにまとめさせておくと効果的である。そうすることで，その表を参考にしながら実験を進めていくことができるようになる。これらの土台があるからこそ，生徒は「学習した知識を使えば解決できそうだ」と感じ，探究的な実験に主体的に取り組むことができるようになる。主体的に学習に取り組んでいたかが一番よくわかるのは，やはり行動観察である。しかし，公平性の観点など評価方法の限界もある。行動観察を実施する際，事前に把握している記述が苦手な生徒にのみフォーカスするのは，現状のベターな方法だと考える。記述が苦手な生徒は，評価の対象となる活動における行動観察等をより丁寧に行い，記述では見取りきれない部分を加味して評価したい。また，記述が得意な生徒についても，日頃の授業から「すばらしい」と思った場面を積極的に評価することも忘れずに行いたい。我々教師は，行動観察を自信をもって行っていきたい。

〈佐久間直也〉

第1学年　生物領域（第2分野⑴「生物の体の共通点と相違点」）

植物の観察による分類

1　どの場面で評価するのか―単元の指導計画（8時間）

時間	指導のねらい・学習活動	重点	記録	備考［記録方法］
1	・離弁花，合弁花を分解して花のつくりを観察し，規則性や共通点や相違点について考える。	知		・分解した花のつくりを，各部分に分けて順番にテープで貼り，特徴を記録することができる。
2	・観察の結果をもとに離弁花，合弁花の花のつくりについて話し合い，規則性や共通点や相違点を見いだす。	思	○	・観察記録に基づいて，花のつくりの規則性や，共通点や相違点を見いだすことができる。［記述内容］
3	・1つの植物の花と果実を比較し，果実や種子はどのつくりが変化したものか考える。	思		・果実や種子のでき方を，花のつくりと関連づけて考察することができる。
4	・マツの花を観察して花のつくりと特徴を見いだし，裸子植物と被子植物の共通点や相違点を見いだす。	思	○	・マツの花のつくりの特徴を見いだし，被子植物との共通点や相違点を見いだすことができる。［記述内容］
5	・花がついている植物と花がついていない植物を観察し，共通点や相違点を見いだす。	態	○	・花以外のつくりの特徴を理解し，植物の共通点や相違点を見いだそうとしている。［行動観察・記述内容］
6	・双子葉類の植物と単子葉類の植物を観察し，子葉の枚数，葉や根のつくりで分類できることを見いだす。	知	○	・葉や根の様子を観察し，結果を表などにまとめて記録することができる。［記述内容］
7	・シダ植物やコケ植物のように，胞子でふえる植物について理解する。	知		・種子をつくらない植物にはシダ植物やコケ植物があり，胞子でふえることを理解する。
8	・提示された植物を，これまでに学習した特徴に基づいて分類する。	態	○	・これまでに学習してきた植物の特徴を振り返り，共通点や相違点に基づいて植物を分類しようとしている。［行動観察・記述内容］

※記録の欄に○がついている授業は，教師が生徒の学習状況を意図的に記録する。

※記録の欄に○がついていない授業は，指導を優先し，網羅的な評価はしない。必要に応じて生徒の学習状況を把握し，次時以降の指導の改善に生かす。

2　どんな授業の進め方をするのか―評価計画

(1)授業のねらい

　花がついている植物と花がついていない植物を観察して，どのつくりに注目すると共通点や相違点を見いだすことができるか考える。

(2)「主体的に学習に取り組む態度」の評価規準

　葉や根のつくりなど，花以外のつくりに注目して特徴を見いだし，共通点や相違点に基づいて植物を分類しようとしている。

(3)指導と評価の流れ

学習場面	学習活動	学習活動における具体の評価規準	評価方法
導入	・花のつくりによる分類方法について振り返る。 ・花がついていない（または花を取り除いた）植物A（単子葉類）・B（双子葉類）を観察する。 ・本時の目標「どのつくりに注目すると，植物を分類できるか」を確認する。	※多数の植物が用意できない場合は，4種類の植物をタブレット端末で撮影させて，班の中で画像を共有させるとよい。 ※植物A・Bは，根も観察できる状態にしておく。	
展開1	発問1：植物A・Bに，花がついていない（または花を取り除いた）別の植物Cを加えて，2つのグループに分類してみよう。		
展開1	・各植物の花以外の部分を観察してワークシートに記録し，共通点や相違点に基づいて分類する。 ・班の中で個人の考えを発表し合う。	・他者の意見も参考にしながら，自分で考えた共通点や相違点に基づいて分類しようとしている。 ※植物C（単子葉類）は，根も観察できる状態にしておく。 ※他者の意見を聞いて，自分の考えを修正してもよい。	行動観察 記述内容
展開2	発問2：植物A・B・Cに，花がついていない（または花を取り除いた）別の植物Dを加えて，2つのグループに分類してみよう。		
展開2	・植物D（双子葉類）の花以外の部分を観察してワークシートに記録し，共通点や相違点に基づいて分類する。 ・班の中で個人の考えを発表し合う。 ・代表者が別の班に移動して他の班で出た意見を確認し，自班で共有する。	・他者の意見も参考にしながら，自分で考えた共通点や相違点に基づいて分類しようとしている。 ※植物D（双子葉類）は，根も観察できる状態にしておく。	行動観察 記述内容
まとめ	・指名された生徒が，気づいた特徴と分類の基準について発表する。		

(4)評価の場面

・班内での発表や他班の意見を共有する場面の様子を観察する

・ワークシートを提出させ，記述内容を分析する

3 いかに評価を見取るか―評価例

次のようなワークシートを用いて，①観察して気づいたことをもとにして，②分類の観点と基準を設定し，植物A～Dを分類しようとしているか，③自分の学習や他の人との話し合いを振り返ったり，新たな発見や疑問を記述したりするなど，自らの学習を調整しようとしているかを見取る。

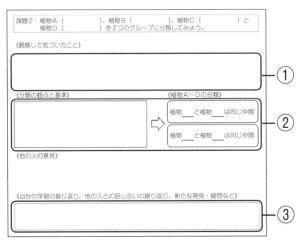

❶評価基準

「A」＝十分満足できる	観察して気づいたことに基づいて観点と基準を設定しようとし，植物A～Dを分類しようとしている。また，自分の学習を振り返ったり，他の人の意見を参考にしたりして，分類の精度をより高めようとしている。
「B」＝おおむね満足できる	観察して気づいたことに基づいて分類の観点と基準を設定しようとし，植物A～Dを分類しようとしている。
「C」＝努力を要する	分類の観点と基準が適切に設定できていない。

❷評価Bの例（丸数字はワークシートの該当部分に対応している）

右の記述をした生徒は，観察した結果に基づいて観点と基準を設定し，植物を分類しようとしている。このことから，主体的に学習に取り組む態度の観点で「おおむね満足できる」状況（B）と判断した。

【評価Bの記述例】

①根を見たとき，植物Aと植物Cは同じくらいの長さの根がたくさん集まっていて，植物Bと植物Dは１本の太い根とそこから伸びた細い根が見られた。

②植物Aと植物Cが同じ仲間で，植物Bと植物Dが同じ仲間だと考えられる。

❸評価Ａの例

右の記述をした生徒は，自分で考えた観点や基準に基づいて分類しているし，別の視点からの分類について，他者との話し合いを参考にして検討し，より妥当な方法を見いだそうとしている。話し合いの中でも「他にはどんな分類があるかな？」と発言し，自身の学習を調整していることから，「十分満足できる」状況（Ａ）と判断した。

【評価Ａの記述例】

①葉のつくりに注目したところ，植物Ａと植物Ｃの葉にはまっすぐな線が何本か見られ，植物Ｂと植物Ｄの葉には網の目のようなもようが見られた。

②植物Ａと植物Ｃが同じ仲間で，植物Ｂと植物Ｄが同じ仲間だと考えられる。

③葉の大きさで分類しようとも考えたが，他の人から「成長している途中の葉もあるのではないか」という話を聞いて，単純に葉の大きさだけで分類するのは難しいと考えた。

❹評価Ｃの例

右の記述をした生徒は，葉と根に注目しているが，分類の観点と基準が適切に設定できていないし，他者との話し合い後も自身の考

【評価Ｃの記述例】

①Ａ〜Ｄには，葉と根がついていた。

②Ａ〜Ｄは植物の仲間である。

えを修正できていない。自己の学習を調整していないことから，「努力を要する」状況（Ｃ）と判断した。今後の指導の手立てとしては，植物には花以外にどのようなつくりがあるか考えさせ，葉・茎・根に注目して観察させる。また，見いだした特徴をワークシートに書き出させ，それらの共通点や相違点を考えさせる。

4　指導と評価の一体化を図るために

この学習では葉脈や根の種類に注目する生徒が多いが，自分で設定した基準に基づいて分類しようとする態度を評価するので，例示したもの以外の観点で分類していてもよい。また，机間指導中に聞いた話し合いの中での発言やワークシートへのメモなど，行動観察によっても評価したい。

〈吉田勝彦〉

4 第1学年　地学領域（第2分野(2)「大地の成り立ちと変化」）
地震

1　どの場面で評価するのか―単元の指導計画（6時間）

時間	指導のねらい・学習活動	重点	記録	備考 [記録方法]
1	・地震の動画を視聴して，気がついたことや疑問を共有し，地震の事象について問題を見いだす。	態		・日本付近は地震が多く発生することに興味をもち，震度やマグニチュード，地震の発生について課題を設定しようとしている。
2	・地震の揺れの大きさや規模と地震の発生について理解する。	知		・震度とマグニチュードの違いを理解している。地震の発生，震源，震央について理解し，知識を身につけている。
3	・「地震による地面の揺れの広がり方を調べる」実習を行い，地震の揺れの広がり方についての気づきをもつ。	思	○	・地震の揺れの広がり方について震源からの距離と揺れ始めるまでの時間との関連を見いだし，自らの考えを導いたり，まとめたりして，表現している。[記述分析]
4	・地震の揺れの特徴について理解し，それに関連する知識を身につける。 ・「地震による地面の揺れの規則性を調べる」実習を行い，その結果をもとに，初期微動継続時間と震源からの距離の関係について考える。	思	○	・P波とS波の速さや届くまでの時間の差と震源からの距離との関連を考え，まとめ，表現している。[記述分析]
5	・地震やそのしくみについて映像やモデル実験を通して理解しようとする。	態		・地震に関する具体的な事例に科学的に関わろうとしている。
6	・地震から身を守るために必要なことやしくみについて関わろうとする。	態	○	・これまでの学習を振り返り，地震発生や揺れの規則性などをもとに，災害やその対策について関わろうとしている。[記述分析]

※記録の欄に○がついている授業は，教師が生徒の学習状況を意図的に記録する。

※記録の欄に○がついていない授業は，指導を優先し，網羅的な評価はしない。必要に応じて生徒の学習状況を把握し，次時以降の指導の改善に生かす。

2　どんな授業の進め方をするのか―評価計画

(1)授業のねらい

　地震から身を守るためのしくみや災害とその対策について進んで関わろうとしている。

(2)「主体的に学習に取り組む態度」の評価規準

　これまでの学習を振り返り，地震発生や揺れの規則性など地震の性質と関連づけて，地震について関わろうとしている。

(3)指導と評価の流れ

学習場面	学習活動	学習活動における具体の評価規準	評価方法
導入	・前時に学習した地震のしくみに関する学習から「地震災害から身を守るために必要なこと」を学習支援アプリで提出する。		
展開1	発問①：緊急地震速報・津波警報について知ろう。		
展開1	・緊急地震速報が出されるしくみを予想する。 ・緊急地震速報に関する動画を視聴し，速報が出される条件やしくみについて知る。 ・津波警報のしくみについて知る。		
展開2	発問②：実際に地震が起きたときに学校周辺で考えられる災害と対策について考えよう。		
展開2	・学習支援アプリに送られた想定される地震の例の情報と地域のハザードマップを確認する。 ・情報をもとに，学校周辺で考えられる災害とその対策について考える。 ・グループで意見を共有する。		
まとめ	・振り返りカードの「振り返り課題」の欄に「単元で学んだ地震の性質に関連づけて，防災について理解や考えが深まったこと，これからの生活に生かしたいこと」についてまとめる。	・これまでの学習を振り返り，地震発生や揺れの規則性などと関連づけて，防災について関わろうとしている。	振り返りカード

(4)評価の場面

　振り返りカードの提出後，「振り返り課題」の記述を見取る。

　なお，振り返りカードは1人1台端末の学習支援アプリを通して毎時間提出させる。

3 いかに評価を見取るか―評価例

　この指導計画では，小単元「地震」の最後に災害について考える構成としている。この単元では，主体的に学習に取り組む態度の評価場面を3箇所設定しているが，記録に残す評価は第6時のみとし，これまで地震の学習で学んだ地震の揺れの規則性などを生かし，災害やその対策について主体的に関わろうとしている様子を評価している。

　生徒は，単元の導入時に導入課題に取り組み，毎時間，振り返りカードにその時間の学習内容について簡単に記録している。その記録をもとに，振り返りカードの下部の単元の振り返り課題に取り組む。その部分の記録をもとに評価を行う。

【振り返りカードの単元の振り返り課題の生徒の記述】

　これまで学んだ地震の性質に関連づけて，災害について理解や考えが深まったこと，これからの生活に生かしたいことについて具体的に説明しなさい。

> （地震の学習を終えて分かったこと考えたこと・疑問　　　）
> ・震源からの距離で強さや，P波やS波がくる時間が変わることが分かった。
> ・縦ゆれと横ゆれで被害がどのくらい違うのか疑問に思った。
> ・初期微動継続時間の間にすばやく被害を少なくするための行動をすることが大切だと思った。

> （地震の学習を終えて分かったことと考えたこと・疑問　　）
> 地震は，震源から，あらゆる方向に，ほぼ同じ速さで広がる。だから，地震計で初期微動がわかりましたら，予想することもできる。で，プレートがつづいて送りが始じる。揺れるだけではなく，津波・土砂などの他の被害も考えられるあって，その地域の地形にも，その被害を予想し，準備しておくとよい。地震がある地域とない地域の違いなぜ，地震がないのか，とても疑問に思う。

●評価基準

「A」=十分満足できる	これまでの学習を振り返り，地震発生や揺れの規則性など地震の性質に基づいて，防災について科学的に関わろうとしている。
「B」=おおむね満足できる	これまでの学習を振り返り，地震発生や揺れの規則性などの学習内容をもとに防災について関わろうとしている。
「C」=努力を要する	断片的な学習内容，感想のみを述べているなど，具体的に防災に関わろうとする様子が見られない。

❷評価Bの例

この生徒の記述からは，学習によって新たな知識を得て，それが災害につながっていることを理解し，学習を生かして行動しようとしている様子が見られる。よって，「おおむね満足できる」状況（B）と判断した。

> 【評価Bの記述例】
>
> 地震が起きた後に災害が起こるしくみや，地震の揺れの広がりなどがわかった。また，地震の揺れにはP波，S波があり，S波がくるまでに逃げようと思った。

❸評価Aの例

評価Aの生徒の記述からは，地震の波の速さの規則性を緊急地震速報のしくみと関連づけて捉え，学習で獲得した知識を自分の行動に生かそうとする様子を見取ることができる。このように，これまで学習した地震の性質をもとに災害に関わろうとする様子が見られたことから，「十分満足できる」状況（A）と判断した。

> 【評価Aの記述例】
>
> 緊急地震速報が揺れる前になぜ出されるか疑問だったけれど，小さい揺れの後に大きい揺れが起きることや一定の速さで起きる特徴があったからすぐに対応できていることがわかった。地震が起きたときのためにハザードマップを確認したい。

❹評価Cの例

右の例は，災害に関する断片的な学習内容や感想だけを述べていることから「努力を要する」状況（C）と判断した。

> 【評価Cの記述例】
>
> 地震が起きたときに災害が起きることがわかった。今回の授業で改めて地震が怖いと思った。

❺評価Cの生徒に対する今後の指導の手立て

上記の生徒の場合，どんな災害が印象に残ったか，それはなぜ起こったのか，怖いと感じたのかをコメントに残し，学習内容の整理を促すことで具体的に考えるよう促し，再度提出させるようにする。

4　指導と評価の一体化を図るために

この学習では，災害を「自分ごと」として捉え，理科で学んだ自然現象のしくみを生かして防災・減災に関わろうとする態度を育てたい。毎時間，簡単にでも授業の振り返りを実施し，それを積み重ねることで，学習した知識を蓄積できるよう促していく。また，毎時間の記録から生徒の理解の様子を確認し必要に応じてコメントを残したり，授業内で取り上げたりするなど個人内評価を行い，自己調整力や粘り強く取り組む態度を育成していく。　　　　　〈内藤理恵〉

5 第2学年　物理領域（第1分野⑶「電流とその利用」）
電気

1　どの場面で評価するのか—単元の指導計画（9時間）

時間	指導のねらい・学習活動	重点	記録	備考［記録方法］
1	・2つの豆電球を同時に光らせるための回路には，直列回路と並列回路があることを理解する。 ・回路を回路図で示すことができる。	知		・直列回路と並列回路を区別して，回路を組むことができる。 ・直列回路と並列回路をそれぞれ回路図でかくことができる。
2	・規格の異なる2つの豆電球を直列回路と並列回路で光らせたとき，明るく光る電球が回路によって入れ替わる現象の観察から，問題を見いだして課題を設定する。	態	○	・実験結果をもとに，科学的に解決可能な課題を見いだそうとしている。［記述分析］
3	・回路の変化に伴って変わる，豆電球の明るさを変化させる要因は何かについて仮説を立てる。	思	○	・教科書や資料集などを参考にしながら，回路の変化に伴って変わる，豆電球の明るさを変化させる要因について仮説を立てることができる。［記述分析］
4・5	・仮説であげた要因（電流・電圧・導線の長さなど）が本当に明るさを変化させるかをグループごとに検証する。	思		・仮説であげた要因について，変える条件と変えない条件を制御しながら，実験計画を立てたり実験したりできる。［行動観察］
6・7	・グループごとの実験データを全体共有し，回路の変化に伴って変わる，豆電球の明るさを変化させる要因は何かについて考察する。	思		・自分たちのグループの実験方法や実験結果を適切に表現できる。 ・他のグループの実験結果と自分たちの実験結果を比較しながら，分析したり解釈したりすることができる。
8	・直列回路と並列回路における電流や電圧を調べる実験を行い，明るさを変化させる要因（電流・電圧）の値が各回路における明るさの様子と一致しているかを確認する。	知		・電流計や電圧計，電源装置などの操作技能を身につけている。［行動観察］ ・直列回路と並列回路における電流と電圧の規則性を見いだし，理解できる。
9	・明るく光る電球が回路によって入れ替わる現象について，それぞれの回路における電流と電圧の規則性と関連づけながらまとめる。	態	○	・これまで探究を振り返りながら，課題に対する結論をまとめようとしている。［記述分析］

※第9時の態度の評価では，第2時で見いだした課題を単元末まで継続して探究しているかという粘り強さを見取る。
　そのため，第2時の評価を第9時の指導に生かす意図がある。

2　どんな授業の進め方をするのか―評価計画

(1)授業のねらい

　規格の異なる2つの豆電球を直列回路と並列回路で光らせたとき，明るく光る電球が回路によって入れ替わる現象の観察から，問題を見いだして課題を設定しようとする。

(2)「主体的に学習に取り組む態度」の評価規準

　実験結果から得られた自分自身の疑問や仲間の疑問を，科学的に解決可能な課題として設定しようとする姿勢が見られる。

(3)指導と評価の流れ

学習場面	学習活動	学習活動における具体の評価規準	評価方法
導入	・規格の異なる豆電球A（2.5V用）と豆電球B（3.8V用）を直列回路で光らせ，豆電球Bの方が明るく光ることを確認する。	豆電球A　豆電球B	
展開1	発問：並列回路にしたときにも，豆電球Bの方が豆電球Aよりも明るく光るのだろうか。 　　ア　豆電球Aの方が明るく光る 　　イ　豆電球Bの方が明るく光る 　　ウ　豆電球AとBは同じ明るさになる 　　エ　迷っている	豆電球A 豆電球B	
	・選択肢をもとに，考えを出し合い，理由を共有する。		
展開2	・実際に並列回路を組んで実験することで，豆電球Aが明るくなることを確認する。	並列と直列で明るさが入れ替わったのはなぜか　　回路の違いで電流はどのように分配されるのか	
展開3	・実験結果を見て，疑問に思ったことをノートに記述する。 ・お互いの疑問を共有する。（右図）	豆電球の数をさらに増やしたら，並列・直列で明るさはどうなるか　　明るくするための要素は何か 直列回路と並列回路の違いは何か　　電流や電圧は明るさに関係あるのか	
まとめ	・多様な疑問をもとに，科学的に解決可能な探究課題を設定し，ノートに記述する。	・実験結果から得られた自分自身の疑問や仲間の疑問を，科学的に解決可能な課題として設定しようとする姿勢が見られる。	記述分析

(4)評価の場面

　ノートの提出後，記述を見取る。

3 いかに評価を見取るか―評価例

　本時では第2時（単元導入時）において「主体的に学習に取り組む態度」の評価に重点を置く。単元の導入時において見取りたいものは，生徒が見通しをもって学習を進められる課題を見いだそうとしているかどうかである。このような課題のことをここでは「科学的に解決可能な課題」と表現する。

　科学的に解決可能な課題は，その後の単元全体の学びについて主体的に学習に取り組むための拠り所になると考えられる。したがって態度を見取る方法として，ここでは単元全体の学びを継続的に記録できるノートを活用した例を紹介する。以下は，第2時（単元導入時）におけるノートの記述例である。これは教師の「実験結果を見て，これから追究したいこと，疑問に思ったことなどを書きましょう」という投げかけに対して生徒が記述したものである。

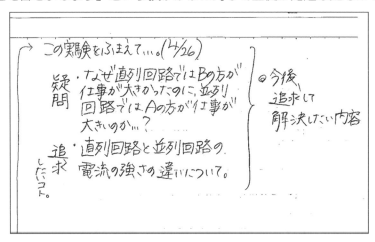

　このようなノートの記述から，生徒が科学的に解決可能な課題を見いだそうとしているかを評価する。

❶評価基準

「A」＝十分満足できる	実験結果から感じた疑問を，科学的に解決可能な課題として記述している。
「B」＝おおむね満足できる	実験結果から感じた疑問や科学的に解決可能な課題を見いだそうとする記述をしている。
「C」＝努力を要する	実験結果から感じた疑問が記述できない。もしくは科学的に解決可能な課題を見いだそうとする記述ができない。

❷評価Bの例

　次の記述は，豆電球の明るさの違いに着目することによって，実験結果をもとにした疑問が

明確にされている。また，回路を比較して原因を探りたいという記述から，科学的に解決可能な課題を見いだそうとする様子が見られる。このことから，主体的に学習に取り組む態度の観点で「おおむね満足できる」状況（B）であると判断した。

> 【評価Bの記述例】
> 　なぜ直列回路では，豆電球Bの方が明るく光ったのに，並列回路になると豆電球Aの方が明るく光るのか不思議に思いました。2つの回路を比較してその原因を探りたいです。

❸評価Aの例

　右の記述は，豆電球の明るさの違いに着目することによって，実験結果をもとにした疑問が明確にされている。さらに，直列回路と並列回路における電流の大きさを比較するという科学的に解決可能な課題を設定している様子が見られる。このことから，主体的に学習に取り組む態度の観点で「十分満足できる」状況（A）と判断した。

> 【評価Aの記述例】
> 　なぜ直列回路では，豆電球Bの方が明るく光ったのに，並列回路になると豆電球Aの方が明るく光るのか不思議に思いました。
> 　回路によって電流の流れ方が変わっていると考えられるので，直列回路と並列回路における電流の大きさを比較したいです。

❹評価Cの例

　右の記述は，授業の感想しかなく，実験結果をもとにした疑問や，科学的に解決可能な課題を見いだそうとする様子が見られない。このことから，主体的に学習に取り組む態度の観点で「努力を要する」状況（C）と判断した。

> 【評価Cの記述例】
> 　実験をしてみて予想と違ってびっくりしました。

❺評価Cの生徒に対する今後の指導の手立て

　「どのような予想をしていて，何にびっくりしたのか」などの問い返しをしながら疑問の表現を具体化させる。また，「何を調べたら疑問が解決できそうか」を尋ねながら，科学的に解決可能な課題を見いだせるよう支援する。このような手立ては本単元に限らず継続的に行う。

4　指導と評価の一体化を図るために

　単元の導入時において，生徒の学習意欲をかき立てることは学びの実現において大きな意味をもつ。教師は生徒のもつ「知りたい」という思いを引き出すことを意識して評価したい。生徒が「学びたい」と思う単元の導入にしていくことが重要である。　　　　　〈高橋政宏〉

6 第2学年　化学領域（第1分野⑷「化学変化と原子・分子」）
化学変化

1　どの場面で評価するのか—単元の指導計画（10時間）

時間	指導のねらい・学習活動	重点	記録	備考［記録方法］
1	・鉄と硫黄を反応させる実験を行い，反応前後の性質の違いを比較し，別の物質が生成されていることを理解する。	知		・反応前後の性質の違いを比較し，別の物質が生成されていることを理解している。
2	・マグネシウムや鉄を加熱する実験を行い，金属が酸素と結びついて別の物質が生成されていることを見いだす。	思		・反応前後の性質の違いを比較し，別の物質が生成されていることを見いだして表現している。
3	・ガスコンロの炎にガラスをかざす実験を行い，有機物（ブタン）が酸素と結びついて，別の物質が生成されていることを見いだす。	思		・有機物が酸素と結びついて，別の物質が生成されていることを見いだして表現している。
4	・酸化銅と炭素の混合物を加熱する実験を行い，酸化還元反応により，銅と二酸化炭素が生成されたことを理解する。	知		・実験の結果をもとに，化学反応について原子や分子のモデルと関連づけて理解している。
5・6	・以下の酸化還元反応の実験を行い，どの反応も酸素との結びつきやすさが関係していることを見いだす。 ①酸化銅＋水素 ②酸化銅＋有機物（砂糖・エタノール） ③二酸化炭素＋マグネシウム ④二酸化炭素＋水 ⑤酸化鉄＋アルミニウム	思		・実験の結果をもとに，様々な化学反応について原子や分子のモデル及び化学反応式を用いて表現している。
7	・「ロウソクの炎を観察せよ」という取り組みの過程で，炎の内部構造に着目して問題を見いだして課題を設定する。	思	○	・炎の内部構造に着目し，問題を見いだしている。［記述分析］
8	・前時に設定した課題について，観察結果や既習事項の振り返りを通して，微視的な視点で解決する。	態	○	・習得した知識・技能を活用して，主体的に課題に取り組み，新たな課題に対して自ら意欲的に学習する姿勢が見られる。［記述分析］
9	・鉄粉の酸化を利用したカイロの作成を通して，化学変化による発熱について理解する。	知		・熱を発生する化学変化について理解している。
10	・発熱反応と吸熱反応の実験を行い，化学変化には熱エネルギーの出入りが伴うことを見いだす。	思	○	・化学変化には熱の出入りが伴うことを理解し，複数の例をあげて説明できる。［記述分析］

※記録の欄に○がついている授業は，教師が生徒の学習状況を意図的に記録する。
※記録の欄に○がついていない授業は，指導を優先し，網羅的な評価はしない。必要に応じて生徒の学習状況を把握し，次時以降の指導の改善に生かす。
※態度の評価で記録に残すのは第8時だが，第7時のワークシートの記録とあわせて評価する。

2　どんな授業の進め方をするのか―評価計画

(1)授業のねらい

　ロウソクが見せる様々な現象を観察し，生徒自らが問題を見いだす。また，既習事項や観察結果として得られた情報をもとに，ロウソクが見せる現象を微視的な視点で説明しようとする。

(2)「主体的に学習に取り組む態度」の評価規準

　習得した知識・技能を活用して，主体的に学習に取り組み，新たな課題に対して自ら意欲的に学習する姿勢が見られる。

(3)指導と評価の流れ

【第7時】

学習場面	学習活動	学習活動における具体の評価規準	評価方法
導入	発問：ロウソクの炎を観察し，気づいたことを発表し合おう。		
	・ロウソクの炎を観察して，気づきをワークシートに記入する。		
展開1	・「楊枝」「スライドガラス」「うずまき銅線」をロウソクの炎の中に入れるなどして，その様子を観察する。 ・ロウソクが見せる様々な現象を通して，気づきをワークシートに記入する。（個人→班で共有）	 ※ロウソクとうずまき銅線は1人に1セット	
展開2	・班で共有した様々な気づきをもとに，疑問に思った現象とその原因や関係することを考え，ワークシートに記入する。 「〜は〜と関係しているのか」 「〜は〜が原因ではないか」	・ロウソクが見せる現象について，科学的に分析して表現している。 【科学的な思考・判断・表現】	記述分析
まとめ	・ワークシートを提出する。	※生徒が見いだした問題を結果を見通して整理し，課題を設定する。次時の導入で，クラス内で共有する。	

【第8時】

学習場面	学習活動	学習活動における具体の評価規準	評価方法
導入	・前時に生徒が見いだした問題をもとに設定した4つの新たな課題を共有する。 課題①：外炎と内炎とで，燃え方（色）が異なる理由 課題②：内炎から出た黒い煙の正体と，そう考えた理由 課題③：炎心から出た白い煙の正体と，そう考えた理由 課題④：外炎で黒くなったうずまき銅線が，炎心の中で銅に戻った理由		
展開1	・課題①～④に取り組む際に，課題を解決するために必要な「情報」を整理する。 仮説❶：外炎と内炎とで，楊枝の燃え方，すすのつき方が異なることの確認→課題① 仮説❷：内炎から黒い煙を出して，その煙にふれたものが黒くなることを確認→課題② 仮説❸：炎心から白い煙を出して，その煙に火をつけると燃えることを確認→課題③ 仮説❹：炎をスライドガラスで輪切りにして炎心部分が暗くなっていることを確認→課題③ 仮説❺：酸化させたうずまき銅線を炎心付近で加熱すると金属光沢が生じることを確認→課題④	※ここでの「情報」とは，前時までの実験結果や既習事項である。必要に応じて以下の仮説❶～❺の内容を演示実験もしくは生徒実験で検証・確認しておく。	
展開2	・仮説❶～❺の検証結果をもとに，課題①～④の探究に取り組む。		
まとめ	・振り返りシート（新たな課題とそれに対する自分の考え）を記入する。 ・ワークシートを提出する。	・主体的に学習に取り組み，新たな課題に対して自ら意欲的に学習する姿勢が見られる。 【主体的に学習に取り組む態度】	記述分析

(4)評価の場面

　　ワークシートの提出後，記述を見取る。

3　いかに評価を見取るか―評価例

　次に示したのは，第8時で生徒に配付するワークシート及び生徒の記述例である。

　①の部分の左側には授業中に確認した内容や解決に必要な既習事項を記述させる。①の右側には，課題に対する自分の考えについて，情報をもとにして記述させている。課題は4つあり，「最低でも1つ，解決できそうな課題から取り組んでみましょう」と生徒に声をかける。これらの課題は，発展的・総合的な内容であるため，正解を求めすぎず，情報を活用して（根拠ある説明をして）解決しているかどうか形成的評価（思考・判断・表現）をすることにとどめた。

　②の部分には，4つの課題に取り組んだことを通して「疑問に思ったこと」「新たな課題」及び，その課題に対する「自分の考え」を記述している。記述後にワークシートを回収し，「主体的に課題に取り組み，新たな課題に対して自ら意欲的に学習する姿勢が見られる」かどうかという観点をもとに評価を行う。以下に評価基準及び評価事例を示す。

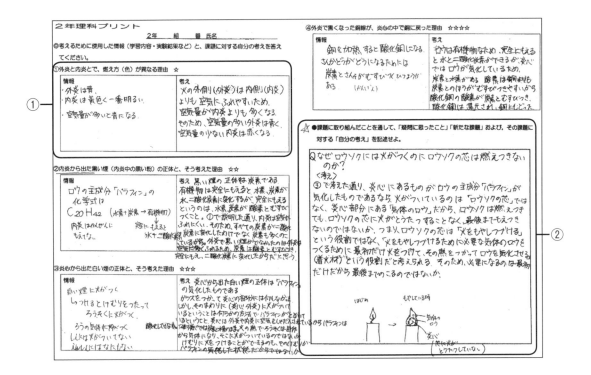

❶評価基準

「A」＝十分満足できる	「疑問に思ったこと」「新たな課題」及び，その課題に対する「自分の考え」を既習事項や実験結果等の根拠をもとに記述している。
「B」＝おおむね満足できる	「疑問に思ったこと」「新たな課題」及び，その課題に対する「自分の考え」を記述している。
「C」＝努力を要する	「疑問に思ったこと」「新たな課題」もしくは，その課題に対する「自分の考え」のどちらかが記述できていない。

❷評価Bの例

【評価Bの記述例】

　ロウソクの炎の色がなぜオレンジ色なのか調べたい。私は，炭素が燃えていることが原因ではないかと考えた。

【評価Bの記述例】

　熱した銅を固体のロウに近づけると，ロウの色が黒くなった理由を考えてみた。熱した銅には炭素がついていたのだと思う。

　上の記述をした生徒は，課題を解決する過程を通して，自ら新たな課題を設定し，その課題を解決しようとする姿勢が見られる。このことから，自らの学習を調整しようとしている状況が見られるため，主体的に学習に取り組む態度の観点で「おおむね満足できる」状況（B）で

あると判断した。

❸評価Aの例

【評価Aの記述例】

　なぜ炎心と芯の間にガラスを入れると，火が消えてしまったのか疑問に思った。私は，燃えるものがさえぎられてしまったからだと思う。課題③でもわかるように，ロウソクはロウ（気体）が燃えている。炎心と芯の間にガラス等の障害物を入れてしまうと，蒸発し気体となったロウがさえぎられ，燃えるものがなくなる。燃焼に必要な3要素のうちの1つが欠けているため，火が消えたのだと思う。

【評価Aの記述例】

　課題②のところでふれたが，内炎では炭素と水素が発生するはずである。炭素による様々な反応が起きているが，水素の反応が何1つとしてないことが謎である。発生した水素によって，ロウソクの火が音を立てて燃えるといいのにと思った。

　課題③の白い煙についてだが，これはロウの気体に火がついたのであって液体には火がついていないことになる。なので，とても寒い理科室で白い煙に火をつけても火がつかないのかなと思った。

　上の記述をした生徒は，課題を解決する過程を通して，自ら新たな課題を設定し，**既習事項や観察結果といった複数の情報を根拠に実験方法を立案する**等，課題を解決しようとする前向きな姿勢が見られる。このことから，自らの学習を調整しようとしている状況が見られるため，主体的に学習に取り組む態度の観点で「十分満足できる」状況（A）と判断した。

❹評価Cの例

【評価Cの記述例】

　水素（有機物）が燃えたら水になるが，水ができなかったのはなぜだろう。

【評価Cの記述例】

　ロウソクだけでここまで化学反応が起こっていることがわかっておもしろかったです。

　上の記述をした生徒は，「新たな課題」「自分の考え」のどちらか片方のみの記述しかなく，学習課題への主体的な取り組み姿勢が見られない。このことから，主体的に学習に取り組む態度の観点で「努力を要する」状況（C）と判断した。

❺評価Cの生徒に対する今後の指導の手立て

　課題が正しく把握されているかどうかを個別に教師が確認したり，班の話し合い活動に教師

が入り，協調性のある話し合いが行われるように支援したりしていくことが考えられる。間違いを恐れて自分自身の考えを発信することをためらっている生徒に対しては，授業のねらいが「正解を求めること」ではないことを再確認し，様々な意見を出し合うことの大切さを伝えていく。文章表現が苦手な生徒に対しては，観察する上での視点を与えて再度観察させたり，気がつく範囲のロウソクの現象を書き出させたり，班で共有した気づきに関して考えさせたりすることが考えられる。

4　指導と評価の一体化を図るために

　ロウソクが見せる現象は，様々な反応が複雑に重なり合っている。そのため，シンプルながらも神秘的な現象が多く，観察者は多くの気づきと疑問を抱きやすい。本時では，ロウソクが燃える様子を観察する時間を十分にとり，多くのことに気づかせることから始める。

　生徒は，中学1年で「状態変化」を学習し，中学2年で「化学変化」を学習している。これらの学習過程で得られた知識を用いることで，ロウソクが見せる多くの現象が説明可能である。生徒が自ら見いだした問題に主体的に取り組ませるためにも，中学2年「化学変化」の学習を一通り終えた後に，問題を見いだす時間（第7時）と，課題に取り組む時間（第8時）を設ける。

　気づきをもとに自ら問題を見いだす力や，科学的根拠に基づき判断・解決しようとする態度を育成し，本時でそれらについて総括的評価をするためには，本時に至るまでの形成的評価の繰り返しが欠かせない。総括するのに適する課題を教師が設定することは，評価計画を立てる上で重要な要素ではあるが，形成的評価をどのようにどの程度計画していくかがより重要である。

　前ページの評価Aの記述例のような記述が最初からできる生徒は少ない。日々の授業で粘り強く形成的評価を繰り返してきた結果，少しずつ「考え，それを表現できる」生徒が増えてくるのである。評価A・B・Cの区切りに悩まれる先生方が多いと聞く。「どのような生徒になってほしいか」こそが評価の区切りであり，その区切り方が教師ごとに少しずつ異なるのは当然である。目指すべき生徒像について，自信をもって生徒に伝え，指導（評価）していくことが教師の最も重要な仕事であり，Cの生徒をBに，Bの生徒をAにすることこそ，教師の最も重要な使命である。

〈髙田太樹〉

7 化学変化と物質の質量

1 どの場面で評価するのか—単元の指導計画（7時間）

時間	指導のねらい・学習活動	重点	記録	備考［記録方法］
1	・鉄の燃焼で，燃焼後の物質の質量が大きくなることを確認する。 ・沈殿ができる反応や気体が発生する反応の前後の質量について考える。	思 （態）		・鉄の燃焼で燃焼後の質量増加が空気中の酸素と関わることを理解している。 ・それぞれの反応後の質量の変化について，根拠を伴った予想をしている。
2	・硫酸と塩化バリウム水溶液の沈殿反応と炭酸水素ナトリウムと塩酸で気体が発生する反応の質量を調べる。	知 （態）		・反応前後の質量について，電子天秤を使って調べ，記録できている。
3	・前時の実験結果から，反応の前後の質量の変化を整理する。 ・化学変化の前後で全体の質量の変化がないことを見いだし理解する。	思 （態）		・他の班の記録も参考にし，反応前後の質量関係を結果から見いだしている。 ・閉鎖系で気体が発生しても質量が変化しないことを見いだし理解している。
4	・銅の加熱時に結びつく酸素の質量が，増え続けるか，限界があるか考える。 ・質量の変化を調べる方法を確認する。	思 （態）		・酸化銅の質量増加について，根拠を伴った予想をしている。 ・実験の方法を把握し理解している。
5	・銅を熱したときに化合する酸素の質量を調べる。	知 （態）		・複数回の加熱で十分に反応させるなど適切な操作をし，質量を測定している。
6	・銅の質量と結びつく酸素の質量のグラフを作成し，規則性を見いだす。 ・マグネシウムも結びつく酸素の質量は一定の割合となることを確認する。	思 （態）	○	・結果のグラフで銅と酸素の質量割合の規則性を見いだしている。［記述分析］ ・銅とマグネシウムでは，結びつく酸素の割合が異なることを理解している。
7	・銅と酸素の質量の割合は，原子量の比（銅：酸素＝64：16）によって，理想的には4：1になることを確認する。 ・実験結果が，理想的な値とならないことを，実験の過程を踏まえて振り返る。	態	○	・理想的な質量比を理解している。 ・銅と酸素の反応で，質量比が4：1とならなかった理由を，これまでの学習や実験での注意点を振り返った上で考え，記述しようとしている。 ［行動観察・記述分析］

※記録の欄に○がついている授業は，教師が生徒の学習状況を意図的に記録する。

※記録の欄に○がついていない授業は，指導を優先し，網羅的な評価はしない。必要に応じて生徒の学習状況を把握し，次時以降の指導の改善に生かす。

※毎回の授業で生徒が授業を振り返り記述を残す活動を行い，記述に取り組む様子や記述内容も，「主体的に学習に取り組む態度」の評価材料とした。そのため，第1時～第6時の内容も主体的に学習に取り組む態度の評価に関わることを示すため，（態）として記した。

2　どんな授業の進め方をするのか―評価計画

(1)授業のねらい

　化学変化と物質の質量について学習したことを振り返り，実験の結果に関わる要因について考え記述し，結果に対する理解を深める。

(2)「主体的に学習に取り組む態度」の評価規準

　銅と酸素が結びつく反応の質量変化の結果について振り返り，考え記述しようとしている。

(3)指導と評価の流れ

学習場面	学習活動	学習活動における具体の評価規準	評価方法
導入 （5分）	・実験では，理論通りにならないこともあり，その理由を考えることが大事だという話を聞く。 ・銅と酸素が結びつく質量の割合は４：１になるはずだが，実験で得られた結果が４：１とならなかったことについて確認をする。		
展開1 （5分）	発問：銅と酸素が結びつく実験で，質量の割合が４：１とならなかったのはなぜだろう。 ・各班の実験結果を振り返り，銅の質量に対して結びつく酸素の質量が少なかったことを確認する。		
展開2 （10分）	・酸化銅（CuO）は銅原子 Cu と酸素原子 O が１個ずつ結びついてできていることを確認する。 ・銅と酸素の原子１個の質量比が64：16であることを確認する。 ・酸化銅のモデル図と原子の質量比から，銅と酸素が結びつく質量の割合は，理想的には，４：１になることを確認する。（右図）	 質量比　銅：酸素＝４：１	
展開3 （10分）	・金属の１つであるアルミニウムの酸化では，表面のみが酸化され内部は酸化されないという現象があることを確認する。（右図）	 表面のみ酸化する 内部は酸化が進まない	
まとめ （20分）	・銅と酸素が結びつく反応で，酸素が結びつく量が理想より少なかった理由を，これまでの学習を振り返り考えて記述する。 ・記述したものを提出する。	・発問について，これまでの学習の記録や実験の注意点，本時の学習内容を振り返り，理由を見いだそうとしているか。	行動観察 記述分析

(4)評価の場面

・授業中に課題（記述）に取り組む様子。顕著な生徒の態度は記録に残す（行動観察）

・記述をしたものの内容を確認し，取り組みの状況を見取る（記述分析）

・振り返りカードは１人１台端末の学習支援アプリを通して毎時間提出させる

3 いかに評価を見取るか―評価例

　1人1台端末を使い，授業最後の5分でその日の授業の振り返りを記述させ，記述の様子も態度の評価の材料とした。今回は，評価材料を充実させるため，銅と酸素の質量比が実験では4：1とならなかったことについて問いかけ，その問いへの記述や取り組みの様子も評価の材料とした。定比例の実験は，理論通りの結果が得にくく，生徒が理解しにくい部分がある。そのため，結果の因子を意識させておくと，結果の値のズレも理解しやすくなると考え指導計画を作成した。第4時の授業（実験方法を把握する段階）から，「今回は結果をうまく出すには，いくつも気をつけることがあるよ」と生徒に伝え，実験の準備や操作について意識するように指導した。その上で，第7時において，結果に関わる要素を振り返らせて記述させ，結果に関わる要素を意識し続けられていたかを見取った。

❶評価基準

「A」＝十分満足できる	これまでの学習内容を踏まえ，複数の理由について考えようとしており，その様子が記述から読み取れる。または，課題に粘り強く取り組む様子が十分に見られる。
「B」＝おおむね満足できる	これまでの学習内容を踏まえ，理由について考えようとしており，その様子が記述から読み取れる。
「C」＝努力を要する	理由について考えようとしているが，記述に表れていない。または，理由について考えようとしていない。

❷評価Bの例

　この生徒の記述からは，銅と酸素の質量比例への理解が読み取れる。さらに，4：1とならないことに対して，「十分に加熱ができていない」という理由をあげている。そのため，主体的に学習に取り組む態度の観点で「おおむね満足できる」状況（B）と判断した。

> 【評価Bの記述例】
> 　銅と酸素は比例の関係になるが，今回の実験では十分に加熱ができていなかったため4：1の関係にならなかった。

❸評価Aの例

　この生徒の記述からは，銅と酸素の質量比例への理解が読み取れる。さらに4：1とならないことに対し「銅の表面のみが酸化」「加熱前に酸化していた」という複数の理由

> 【評価Aの記述例】
> 　実験の結果の銅と酸素の比が4：1にならなかった理由には，①銅の外側のみが酸化し，内側の銅が酸化しなかった，②加熱前の銅がすでに酸化していた，などが考えられる。

をあげている。そのため，主体的に学習に取り組む態度の観点で「十分満足できる」状況（A）と判断した。また，第7時での記述は不十分でも，第6時までの毎回の授業で要素を意識する様子や気づきの記述が十分にあり，第7時でも，粘り強く考え記述しようとする様子が見られた生徒は，「十分満足できる」状況（A）として評価した。

> 【粘り強く取り組む様子】
>
> 　学習記録を丁寧に振り返り記述しようとする様子がある。
>
>
>
> ※図のように十分に記録があり，それらを生かそうとしている生徒はプラス評価をした

❹評価Cの例

　課題となっている，4：1にならない理由についての記述がない。そのため，主体的に

> 【評価Cの記述例】
>
> 　酸素が増えるほど質量は一定の量増える。

学習に取り組む態度の観点で「努力を要する」状況（C）と判断した。また，記述に「銅」の言葉がない。比例は2つのものの関係なので，今回は「銅」「酸素」の言葉がほしいが，比例の理解が不十分か，記述力が不十分であることが見取れる。今後の指導の手立てとしては，評価Cとなる生徒の場合，前時までの「金属と酸素が一定の割合で結びつく」という学習内容も理解していない可能性があるため，前時までの学習内容の理解度を確認し，必要な説明を1対1で適宜行う。その上で，「実験の結果と理論的な数字である4：1が合致しないことについて考える」という今回の課題を丁寧に説明し，考えるスタートラインに立たせる。一方で，理解できていても記述が苦手な生徒がいる。授業の際に，記述が進んでいない様子が見られれば，「何か気がつくことはあるかな」などと言葉にするきっかけとなる声かけをして，考えを引き出すようにする。声かけに対して生徒の発言があれば，「なるほど。その意見を書いてみるといいね」などと肯定的な言葉を返し，書くことを促す。その後，「〇〇って，もっと詳しくいうとどういえるかな」などと表現の正確性が高くなるよう促していく。

4　指導と評価の一体化を図るために

　評価Cの生徒は，単元の後半では理解できないことが積み重なっている。そのため，短い時間でも，生徒自身が振り返りを行い記述する時間をこまめに設定する。振り返りの時間に手が動かない生徒には質問をする。例えば，「酸化銅の化学式ってなんだっけ」という質問への返答からも理解状況がわかる。化学は元素記号など知識的な部分が定着していないと，説明される内容は非常に難しくなり，自ら学習に向かうことも難しくなる。授業内でこまめな個別指導を行い，苦手をつくらせないことが大事になる。　　　　　　　　　　　　　〈村越悟〉

8 第2学年　生物領域（第2分野(3)「生物の体のつくりと働き」）
植物の体のつくりと働き

1　どの場面で評価するのか―単元の指導計画（12時間）

時間	指導のねらい・学習活動	重点	記録	備考 [記録方法]
1	・植物の体のつくりと働きについて，これからの学習に見通しをもつ。	態	(○)	・小学校の学習内容を振り返るとともに，単元で学ぶ内容に見通しをもつことができている。[記述分析]
2	・植物が呼吸をしているかを確かめる実験を理解して行う。	知		・植物の呼吸を調べる実験を適切に行い，対照実験の必要性と内容を理解している。
3	・実験結果から，植物の呼吸について考察する。	思	○	・実験結果から，植物が体の各細胞で呼吸をしていることを見いだし，表現している。[記述分析]
4	・光合成は葉の細胞のどの部分で行われるかを観察する。	思	○	・観察から，光合成が葉の葉緑体で行われていることを見いだし，表現している。[記述分析]
5	・光合成では二酸化炭素が使われるかを調べる実験を計画する。	思	○	・光合成で二酸化炭素が使われるかを調べる実験を計画できる。[記述分析]
6	・計画した実験を適切に実施し，結果から考察する。	知		・計画した実験を適切に行うことができる。
7	・光合成のしくみについて理解する。	思		・実験結果から，光合成では二酸化炭素が使われることを見いだし，表現している。
8	・茎の断面を観察し，つくりを調べる。	知	○	・茎の断面を観察し，適切に記録している。[記述分析]
9	・葉の断面と表面を観察し，つくりを調べる。	知	○	・葉の断面と表面を観察し，適切に記録している。[記述分析]
10	・観察結果から，植物の内部のつくりと水や栄養分の運ばれ方を理解する。	知		・観察結果から，植物の内部のつくりと水や栄養分の運ばれ方を関連させて，理解している。
11	・蒸散の働きがどの部分で行われているかを調べる実験を行う。	思	○	・実験の条件を整理し，蒸散がどこから行われているかを見いだして表現している。[記述分析]
12	・植物の体のつくりと働きについて，まとめ，学習内容を振り返る。	態	○	・単元の学習内容を振り返り，理解の深まりに気づいたり，学習意欲を高めたりしている。[行動観察・記述分析]

※記録の欄に○がついている授業は，教師が生徒の学習状況を意図的に記録する。

※記録の欄に○がついていない授業は，指導を優先し，網羅的な評価はしない。必要に応じて生徒の学習状況を把握し，次時以降の指導の改善に生かす。

※第1時の記録は第12時の活動で単元の最初の状態と比べさせるために残す。

2　どんな授業の進め方をするのか―評価計画

(1)授業のねらい

　単元の学習内容を1枚の絵にまとめる活動を通して，内容を整理するとともに，自分の学習を振り返る。

(2)「主体的に学習に取り組む態度」の評価規準

・活動に進んで取り組み，他の生徒の作品も参考にして，よりよくまとめようとしている

・自分の学習を適切に振り返り，自分の理解の深まりに気がついている

・単元の学習を，日常生活などに広げており，学習意欲を高めている

(3)指導と評価の流れ

学習場面	学習活動	学習活動における具体の評価規準	評価方法
導入	・本時の活動を確認する。		
展開1	課題：植物の体のつくりと働きを1枚の絵にまとめ，学習を振り返ろう。 ・これまでのノートを振り返るなどして，植物の体のつくりを1枚の絵にまとめる。		
展開2	・まとめたものを，グループの中で見せ合い，お互いのシートにアドバイスを送る。 ※ICTを活用する場合も同様に，生徒の作品を適宜，画面に映して紹介し，お互いに参考にできるようにする。	・学習活動に進んで取り組み，他の生徒の作品も参考にして，よりよくまとめようとしている。	行動観察
展開3	・単元の最初の記述と見比べて，自分の理解が深まったことやもっと知りたいことを記述する。	・自分の学習を適切に振り返り，理解の深まりに気づいている。 ・単元の学習を，日常生活などに広げており，学習意欲を高めている。	記述分析
まとめ	・教師による単元の総括。		

(4)評価の場面

・活動中の様子を観察する

・ワークシートまたは学習支援アプリで作成したものを提出させ，内容を見取る

3 いかに評価を見取るか―評価例

次のようなワークシートを用いて，学習前後の生徒の理解の状況を表出させ，それを自分で見ながら振り返らせ，変容に気づいているか，学習意欲が高まっているかなどを評価する。

【ワークシート例】

植物の体のつくりと働き

1　第2章の学習を始める前に

①小学校で学習した内容を思い出そう（植物について，どんなことを学習したかな？）

〈発芽について〉　　　　　　〈栄養分について〉　　　　　〈水について〉

②これからの学習で知りたいこと，わかるようになりたいこと，植物についての疑問など

2　第2章の学習を終えて

①学習した内容を，1枚の絵にまとめよう

②学習前と比べて，よりわかるようになったことは何か。理由を含めて書こう

③植物の体のつくりと働きについて，学習した感想を書こう

ここで，2―①の学習内容のまとめとしてかかせる絵の細かな正誤について評価する場合は「知識・技能」の観点になることに留意したい。本例のように「主体的に学習に取り組む態度」の観点で評価する場合は，「学習内容を適切にまとめようとしているか」を見取りたい。

❶評価基準

「A」＝十分満足できる	次の3点のうち，2点以上を見取ることができる。 ・学習活動に進んで取り組み，ノートや他の生徒の作品を参考にするなど，よりよくまとめようとしている ・自分の学習を適切に振り返り，理解の深まりに気づいている ・学習内容を日常生活などに広げて考えるなど，学習意欲を高めている
「B」＝おおむね満足できる	上記の3点のうち，1つを見取ることができる。
「C」＝努力を要する	上記の3点のうち，1つも見取ることができない。

文章表現が苦手な生徒もいるので，記述分析とあわせて行動観察によって工夫してまとめようとしている姿を積極的に見取り，なかなか活動が進まない生徒を支援する。

❷評価Bの例

実験を通して小学校のときよりも理解が深まったことを実感していることが読み取れる。一方で，学習内容以上の広がりはあまりないようである。2―①の活動にもあまり取り組めていなければ，「おおむね満足できる」状況（B）であると判断できる。

> 【評価Bの記述例】
> ②小学校のときにも光合成や蒸散について学んだが，中学校では自分たちで考えた実験をしてそこから考えたから，より詳しくわかった。
> ③小学校のときよりもよくわかってよかった。

❸評価Aの例

実験や本活動を通して，植物の生きるための働きについて，理解が深まったことに気がついていることを読み取れる。さらに③からは，植物の学習にとどまらず，動物の働きと関連させて考えたいという意欲が読み取れる。「十分満足できる」状況（A）と判断できる。

> 【評価Aの記述例】
> ②呼吸，光合成，蒸散など，植物の働きについて実験したので詳しくわかるようになった。1枚の絵にまとめたことで，これらが植物の体中でつながっていることがわかった。
> ③これまで植物は静かに生きているように思っていたが，実は体内でいろいろなことをしていた。動物と比べてどちらが活発なのか，調べてみたい。

❹評価Cの例

実験や学習に関する感想のみで，主体的に学習に取り組んだ様子が読み取れない。この記述に加え，2―①の活動にも取り組めてい

> 【評価Cの記述例】
> ②実験がおもしろかった。
> ③植物は覚えることが多くて難しい。

なければ，このシートを用いた評価は「努力を要する」状況（C）と判断する。評価Cの生徒に対する今後の指導の手立てとしては，記述分析による評価では，「努力を要する」状況なのか，単に文章表現が苦手で内面をうまく表出できないのかを，正しく判断することが大事である。記述が少なく表現が乏しい生徒には，声かけなどで内面を表出させたり行動観察を行ったりして改めて評価をする。それでも「努力を要する」と判断する場合，友人のまとめ方を参考にさせたり，曖昧だったところやわかるところを尋ね，自分の理解を振り返るポイントを示したりするなどの支援をする。

4　指導と評価の一体化を図るために

単元前の自分との比較，他の人と自分のまとめ方の比較などを通して，自分の理解の深まりに気づかせたり，学びの広がりを共有させたりして，主体的に学習に取り組む態度を育みたい。

〈和田亜矢子〉

第2学年　生物領域（第2分野⑶「生物の体のつくりと働き」）

動物の体のつくりと働き

1　どの場面で評価するのか—単元の指導計画（12時間）

時間	指導のねらい・学習活動	重点	記録	備考 ［記録方法］
1	・ブタの内臓観察を通して，ヒトの臓器（模型）との関連づけから，各臓器の構造・位置関係の違いを見いだす。	思	○	・ブタとヒト（模型）の内臓観察を通して，構造・位置関係の違いを見いだし表現することができる。［記述内容］
2	・食物に含まれる主な成分とヨウ素液・ベネジクト液の性質を理解する。	知		・ヨウ素液・ベネジクト液を用いて，デンプン・糖類を検出できる。
3	・消化酵素の役割を，だ液によるデンプンの変化の実験から考える。	知		・だ液によってデンプンが分解されることを，実験により調べることができる。
4	・実験結果をもとに，だ液中の消化酵素の働きを説明する。	思	○	・実験結果をもとに，デンプンが分解され，麦芽糖ができることを，だ液の働きと関連づけて考察できる。［記述内容］
5	・消化のしくみ，吸収のしくみと吸収された物質の行方について理解する。	知		・消化された物質は，小腸の柔毛を経て，毛細血管・リンパ管に吸収され，全身の細胞に届けられることを説明できる。
6	・肺のつくりと働き，肺呼吸・細胞による呼吸について理解する。	思	○	・各呼吸の関係性を酸素・二酸化炭素濃度と関連づけて説明できる。［記述内容］
7	・心臓の働きと血液の循環について説明する。	思	○	・血液の循環経路をもとに，心臓のつくり（弁の必要性等）や血液中の酸素・二酸化炭素濃度について説明できる。［記述内容］
8	・血液とその成分について理解する。	知		・血液に含まれる成分の役割と細胞での物質交換のしくみについて理解している。
9	・ドジョウの血管を観察し，血液の流れる方向や血球の形状を表現する。	知	○	・血管を流れる血球の様子を顕微鏡を用いて観察し，記録できる。［記述内容］
10	・不要物が体外に排出されるしくみについて理解する。	知		・ろ過・再吸収のしくみと尿の生成過程を肝臓などの器官の働きと関連づけて総合的に理解している。
11	・血液の循環と物質の移動について説明する。	思	○	・栄養分や酸素，二酸化炭素やアンモニアがどのような経路で体内を移動していくかを表現できる。［記述内容］
12	・学習した内容が日常生活の中でどのように活用されているのかを考える。	態	○	・日常生活の中で学習した内容が活用されているものを発見し，そこから得られる疑問等を解決する方法を考え，表現することができる。［行動観察・記述内容］

※記録の欄に○がついている授業は，教師が生徒の学習状況を意図的に記録する。
※記録の欄に○がついていない授業は，指導を優先し，網羅的な評価はしない。

2　どんな授業の進め方をするのか―評価計画

(1)授業のねらい

　日常生活の中で学習した内容が活用されているものを発見し，そこから得られる疑問等を解決する方法を考え，表現する。

(2)「主体的に学習に取り組む態度」の評価規準

　日常生活の中で学習した内容が活用されているものを発見し，そこから得られる疑問等を解決する方法を既習事項や身の回りで用いられている科学をもとに，試行錯誤を繰り返しながら表現しようとしている。

(3)指導と評価の流れ

学習場面	学習活動	学習活動における具体の評価規準	評価方法
導入	・目標・授業の流れを確認する。		
展開1	指示：「日常生活で発見したこと」の発表〔項目1〕 ・教室内を自由に移動し，書きとめてきたことをクラス内で自由に発表する。 ・言葉を交わしたことをメモするようにする。	・発表評価シート等を配付し，他の人の発表に対して評価を行う。【相互評価】	記述内容
展開2	指示：「新たな疑問・課題」を解決する方法を考える〔項目2〕 ・事前に考えてきた疑問・課題が類似しているもの同士で少人数班を組めるようにグルーピングを行う。 ・少人数班での発表後，代表者を1人決め，話し合いを通して考えを深化させる。 ・ホワイトボード作成後，時間を設定し，ポスターセッション形式で発表を行う。 ・発表に対する疑問等を発表者に質問し，返答内容等を評価シートに記入する。	発表評価シート 評価観点 ①態度「わかりやすい表現」・「聞き取りやすい発表」 ②内容「学習した内容と調べた内容が関連づけているか」 　　　「着眼点のするどさやおもしろさがあるか」等 | 班	わかったこと・興味をもったこと	評価（態度／内容） | 質問できたこと・疑問に思ったこと ・発表に対する評価及び発表を聞いた上で生じた新たな疑問等を記述させることで，相互評価だけでなく，今後の指導に生かす材料としても活用する。	記述内容 行動観察
まとめ	・教師による総括を聞く。		

(4)評価の場面

　対話時の行動観察とともにポートフォリオシート提出後，記述内容を見取る。

3 いかに評価を見取るか—評価例

　以下のポートフォリオシート（以下，シートと表記）を活用する。このシートは，理科だけでなく，どの教科にも使用できる汎用性の高いシートである。大単元や小単元の内容を学習する前にシートを配付する。観察・実験・講義等を通して学んだ知識が日常生活の中でどのように活用されているかを発見し，そこから得られた疑問等を解決する方法を記述する。学習後にシートを回収し，学習した内容が活用できているか，課題解決への道筋が論理的に記述されているかを評価する。

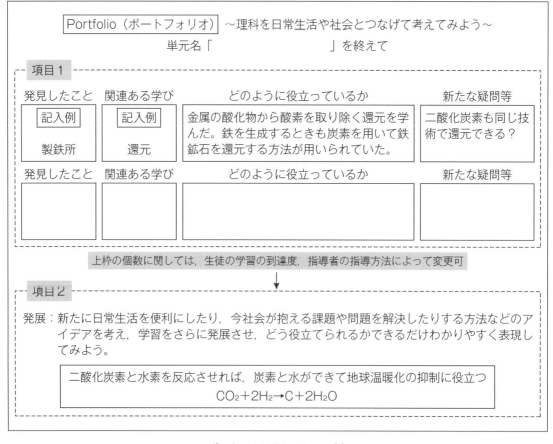

ポートフォリオシートの一例

　このシートを１年を通して，物理・化学・生物・地学のすべての分野で継続的に取り組ませることで「粘り強さ」を評価する。項目１は日常での発見だけでなく，書籍やインターネット等を用いて調べてきたものに関しても評価する。なお，発見したことを細分化した書き方については，注意を促す（例：元素記号を１つずつ別々に記入する。１　水素，２　ヘリウム……等）。評価基準については次ページに示す。

❶評価基準

	項目1	項目1をすべて記述することができている。
「A」＝十分満足できる	項目2	学び，調べた知識や自分なりのアイデアをもとに課題を解決する方法を具体的に立案できている。また，対話を通して，解決方法を深化させている。
「B」＝おおむね満足できる	項目1	項目1を半分以上記述することができている。
	項目2	課題の解決への糸口を探れているが，具体的な方法を立案できていない。また，対話を通して，考えを深化させることができていない。
「C」＝努力を要する	項目1	項目1を半分以下しか記述できていない。
	項目2	課題を解決する方法を立案できていない。また，対話を通した活動にも参加できていない。

❷評価例と今後の手立て

【評価Bの記述例】
　横隔膜を刺激する機械を開発すれば，肺の自発呼吸不全の治療に役立つ。

【評価Bの記述例】
　白血病の治療法として，骨髄をたくさんつくり，病気の治療に役立てる。

【評価Aの記述例】
　腎臓の再吸収機能が弱っている患者への治療法は手間のかかる人工透析があげられる。そこで，再吸収機能を補うポンプのようなものを埋め込めばよい。また必要ないものも再吸収されてしまうため，選択的ろ過装置機能を備えたものを開発することが有効だと思う。

【評価Aの記述例】
　水晶体機能をつけた義眼を開発する。目は水晶体を通して網膜上に像を映す。そこで目に埋め込んだ義眼にあらかじめ水晶体機能をつけることで視覚障がい者が不自由なく日常生活を送ることができる。眼鏡のしくみの応用例である。

【評価Cの記述例】
　ガンの特効薬を開発すれば，患者が救われる。

【評価Cの記述例】
　何も記入していない。

　評価Cの生徒に対する今後の指導の手立てとしては，ヒントカード（調べるポイント）を示す。また，今までの学習状況を把握し教師が声かけをする，などである。

4　指導と評価の一体化を図るために

　考えた解決方法には間違い等もあるが，ここでは課題に取り組む姿勢を評価しているため，記述内容の間違いなどにはふれず，訂正については個別の声かけで対応するようにする。また，既存の技術に自分の考えをあてはめたものや百科事典などで調べた高度な技術を応用させた例を記述することも許可した。

〈渡邉純〉

10 第2学年　地学領域（第2分野(4)「気象とその変化」）
気象

1　どの場面で評価するのか—単元の指導計画（9時間）

時間	指導のねらい・学習活動	重点	記録	備考［記録方法］
1	・空気中の水蒸気の変化について確認する。 ・露点の定義を理解する。	知		・水の状態変化を振り返り，霧や結露から空気中の水蒸気の変化と露点を理解する。
2	・観察を通して露点を測定する。	知	○	・コップについた水滴を見つけ，そのときの温度を測定し記録できる。［記述内容］
3	・飽和水蒸気量と湿度について理解する。	知		・飽和水蒸気量と湿度に関係があることを理解している。
4	・水滴がつかないコップとつくコップの様子の違いについて説明する。	思	○	・露点の測定を活用し，水の状態の違いを気温と関連づけて説明できる。［記述内容］
5	・日常生活において，水滴がつくもの，つかないものを探してその理由を説明する。	態	○	・日常生活から探したものを例にあげ，水滴がつかない原因について，既習事項を使って説明しようとしている。［記述内容］
6	・上空の気圧について理解する。	知		・地上からの高さの違いによって気圧が異なることを表している資料から，上空の気圧の違いを理解している。
7	・実験を通して雲を発生させて，気圧と温度の変化を説明する。	知	○	・気圧と気温の変化から，水蒸気が水滴になる現象と雲の発生を理解する。［記述内容］
8	・雲の発生と雨と雪について理解する。	知		・上空での雲の発生と上空の気温の低下から，雨と雪のでき方を理解する。
9	・水の循環と太陽のエネルギーと気象現象について説明する。	思	○	・雲の発生と降雨の水の循環を太陽のエネルギーと関連づけて説明しようとしている。［記述内容］

※記録の欄に○がついている授業は，教師が生徒の学習状況を意図的に記録する。

※記録の欄に○がついていない授業は，指導を優先し，網羅的な評価はしない。必要に応じて生徒の学習状況を把握し，次時以降の指導の改善に生かす。

※記録する態度の評価を第5時に置いたのは，ワークシートで見取った評価結果を第9時の指導に生かす意図がある。

2　どんな授業の進め方をするのか─評価計画

(1)授業のねらい

　露点の測定で見いだした空気中の水蒸気の変化と気温の知識を活用して，水滴がつかないコップとつくコップの比較から，空気中の水蒸気の変化を気温と関連づけて説明する。この経験をもとに，日常生活から例をあげて説明できることを目的とする。

(2)「主体的に学習に取り組む態度」の評価規準

・日常生活から探したものを例にあげ，水滴がつかない原因について既習事項を使って説明しようとしている。また，「探したもの」にある工夫を考えようとしている

・シンキングツールを使い説明している

(3)指導と評価の流れ

学習場面	学習活動		学習活動における具体の評価規準	評価方法
導入	・水滴がつくコップと水滴がつかないコップの理由を確認する。			
展開1	課題：水滴がつくものと水滴がつかないものは，他にあるだろうか。 　　　水滴がつかない原因は何だろうか。 　　　水滴がつかない工夫にはどのようなことがあるだろうか。			
展開1	・コップの例をもとにして，日常生活での水滴がつくもの，水滴がつかないものを見つける。			
展開2	・見つけたものについて，露点と気温を比較して整理する。 ・水滴がつかないものの工夫を調べる。			
展開3	・コップの例と日常生活で見つけたものについて，シンキングツールで表すことができる。			
まとめ	・シンキングツールに記述し，学習支援アプリで発表する。 ・他の人の発表と自分の発表を比較して，自分の学習を振り返る。		・コップ以外のものを記述しようとしている。 ・既習事項を活用して水滴がつかない原因を説明しようとしている。 ・他者の発表から，水滴がつかない工夫を考えようとしている。	学習支援アプリを使い，シンキングツールの記述分析

(4)評価の場面

　学習支援アプリを使い，シンキングツールの記述を見取る。

3 いかに評価を見取るか―評価例

　既習事項を活用して新たな課題に取り組もうとしているか，日常生活の他の例を探し，あてはめて説明しようとしているかについて，学習支援アプリに提出されたシンキングツールの記述の変化を比較することにより，態度を見取る評価を行う。

〔ワークシートの一部〕

1　水滴がつかないコップとつくコップの様子の違いは何だろうか。

☆学習したことから説明してみよう

2　水滴がつくとものと水滴がつかないものは，他にあるだろうか。

　　水滴がつかない原因は何だろうか。

　　水滴がつかない工夫にはどのようなことがあるだろうか。

☆学習した感想を書こう

---

❶評価基準

「A」＝十分満足できる	・日常生活から探したものを例にあげ，水滴がつかない原因について，既習事項を根拠にして説明しようとしている。 ・探したものについて，水滴がつかない工夫を説明しようとしている。
「B」＝おおむね満足できる	・日常生活から探したものを例にあげ，水滴がつかない原因について，既習事項を使って説明しようとしている。 ・探したものに水滴がつかない工夫を考えようとしている。
「C」＝努力を要する	・水滴がつかない原因のみ説明している。

❷評価Bの例

　「探したもの」と気象要素（天気，気温の違い）を比較してシンキングツールに記述し，原因を説明しようとしている。また，「二層のコップ，二重窓」をあげて工夫を考えようとしている。このことから，主体的に学習に取り組む態度の観点で「おおむね満足できる」状況（B）と判断した。

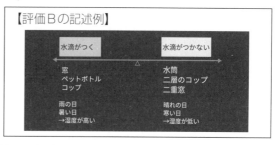

❸評価Aの例

　水筒の素材に着目して「プラスチック製品，魔法瓶」を選びシンキングツールに記述し，原因を温度の影響と考え説明しようとしている。さらに，水筒の容器の工夫と温度の影響を考え，容器の工夫について説明しようとしている。このことから，主体的に学習に取り組む態度の観点で「十分満足できる」状況（A）と判断した。

❹評価Cの例

　原因のみを記述していることから，主体的に学習に取り組む態度の観点で「努力を要する」状況（C）と判断した。この記述例の生徒は，「水滴がつく，水滴がつかない」ことに着目し，入れ物の「中身の温度」が原因であると考えている。しかし，「容器の外の空気の温度が原因であること」についての理解が十分ではないことが見取れる。日常生活で使うものであてはまるものを引き出すとともに，露点の測定の経験を振り返って原因を考えることを助言し，支援を行った。

4　指導と評価の一体化を図るために

　本授業は，思考の変化や深まりの様子を学習支援アプリのシンキングツールに記録し，主体的に学習に取り組む態度の評価を行った。生徒自身がこの記録をもとに評価を振り返る際には，さらに原因や工夫を考えて課題を追求するように助言し，指導と評価の一体化を図った。このように，新しい課題を追求する場面を設定して主体的に学習に取り組む態度の指導と評価の一体化を図ることで，科学的な探究心を育みたい。

〈青木久美子〉

11 仕事とエネルギー

1　どの場面で評価するのか—単元の指導計画（8時間）

時間	指導のねらい・学習活動	重点	記録	備考［記録方法］
1	・「同じ高さまで荷物を持ち上げるのに『楽』な方法は？」という問いについて自分の考えを記述し，単元の見通しをもつ。	態	(○)	・斜面を使う方法，動滑車を使う方法を示し，数値等を示して記述できる。［記述分析］
2	・道具を使った仕事の実験を通して仕事の原理を見いだし，摩擦や道具の質量による仕事の増加に気づく。	思	○	・道具を使っても仕事は変わらないこと，実際には摩擦等の影響があることを記述できる。［記述分析］
3	・仕事の原理や仕事率について理解し，仕事率の計算を習熟する。	知		・仕事の原理や仕事率を説明できる。仕事率の計算ができる。
4	・エネルギーと仕事との関係を理解し，実験を通して位置エネルギーの大きさを決めるものに気づく。	思	○	・質量・高さが大きいほど位置エネルギーが大きいことについてグラフ等を用いて記述できる。［記述分析］
5	・位置エネルギーを決めるものを理解し，運動エネルギーの大きさを決めるものや，その結果を予想する。	知		・運動エネルギーの大きさを決めるものや，その結果を予想でき，次時の実験の見通しをもてる。
6	・実験を通して運動エネルギーの大きさを決めるものを理解することができる。	思	○	・質量・速さが大きいほど運動エネルギーが大きいことについてグラフ等を用いて記述できる。［記述分析］
7	・運動の様子から位置エネルギーと運動エネルギーの関係を見いだし，力学的エネルギーの保存を理解し，摩擦や空気抵抗のために実際には保存されないことに気づく。	知		・振り子やジェットコースターでのエネルギーの移り変わりと，力学的エネルギーの保存について説明できる。
8	・第1時と同じ問いについて学習した内容を生かして記述し，学習前後の自分の考えを比べ，自身の学習の振り返りを行う。	態	○	・「楽」という言葉を，仕事・エネルギーに置き換えて，今までの実験結果や数式・図を用いて記述できる。［記述分析・行動観察］

※記録の欄に○がついている授業は，教師が生徒の学習状況を意図的に記録する。

※記録の欄に○がついていない授業は，指導を優先し，網羅的な評価はしない。必要に応じて生徒の学習状況を把握し，次時以降の指導の改善に生かす。

※記録する態度の評価の第1時を（○）にしたのは，第1時で見取った評価結果をその後の指導に生かし，単元全体を貫く問いへの深まりを認知させる意図がある。

2　どんな授業の進め方をするのか―評価計画

(1)授業のねらい

　道具や方法による違いを，仕事・仕事率・エネルギーという言葉，実験データ，数式，図などを使って記述し，対話的な活動を通して考えを深めることができる。

(2)「主体的に学習に取り組む態度」の評価規準

　「同じ高さまで荷物を持ち上げるのに『楽』な方法は？」という問いを，物体を動かした仕事・位置エネルギーという言葉を使い，今までの実験結果・数式・図を用いて記述している。また，対話的な学習を通して改善を図っている。さらに，学習の前後の自分の考えを比べ，自身の学習の振り返りを行っている。

(3)指導と評価の流れ

学習場面	学習活動	学習活動における具体の評価規準	評価方法
導入	・本時の目標と評価規準を理解する。		
展開1	課題：「同じ高さまで荷物を持ち上げるのに『楽』な方法は？」という問いについて，物体を動かした仕事・位置エネルギーという言葉を使い，今までの実験結果・数式・図を用いて説明する。		
	・物体を動かした仕事・位置エネルギーという言葉，実験結果を使い，単元での学習内容を振り返る。 ・自己の考えをワークシートに記述する。		
展開2	・班で考えを発表し合い，必要に応じて他の班員の考えをメモする。 ・他の班員の考えも参考に自己の考えを改善する。	・課題に対して他者に根拠を示し，説明しようとしている。また，他者の考えを参考に改善しようとしている。 【主体的に学習に取り組む態度】	記述分析 行動観察
展開3	・学習前後の自分の考えを比べ，自身の学習の振り返りを行う。	・学習前後の自己の考えを比べ，自身の学習の振り返りを行っている。 【主体的に学習に取り組む態度】	記述分析
まとめ	・教師が，評価規準と照らし合わせてよい記述を紹介し，そのよい点を説明する。		

(4)評価の場面

　対話時の行動観察をする。この際はある程度人数を絞り，生徒の発言を観察し評価する。このような行動観察を学期に何回か繰り返し，生徒全員の行動観察を行う。また，ワークシートの提出後，記述内容や振り返り状況を見取る。

3 いかに評価を見取るか―評価例

授業実施後に回収したワークシートの記述を通して，学習前後の生徒の考えを比較することにより，態度を見取る評価を行う。

<table>
<tr><td rowspan="2">学習前</td><td colspan="2">どちらが「楽」か，今までに学習した内容などや数値で説明しよう。</td></tr>
<tr>
<td>

【斜面を使う】

斜面を使うので少し軽くなると思うが，距離が2mだから仕事は大変だと思う。

</td>
<td>

【動滑車を使う】

動滑車の重さによるが，距離が1mだから仕事は楽だと思う。

</td>
</tr>
<tr>
<td rowspan="5">学習後</td>
<td colspan="2">物体を動かした仕事・位置エネルギーという言葉を使い，今までに学習した内容や数値で2つの方法での違いを説明しよう。班の意見交換後に書き加えた内容は「赤」で書こう。</td>
</tr>
<tr>
<td colspan="2">

※斜面の動摩擦力を0.2N，動滑車等の重力を0.1Nと仮定する

	斜面	動滑車
仕事	5.2N ×2m ＝10.4J	5.1N ×2m ＝10.2J
位置エネルギー	10N ×1m ＝10J	10N ×1m ＝10J

</td>
</tr>
<tr>
<td colspan="2">

実際の実験では動滑車の方が仕事の大きさが小さいので有利である。
移動後の位置エネルギーは変わらない。

</td>
</tr>
<tr>
<td colspan="2">学習前後の自分の考えを比べ，この単元の自己の学習を振り返ろう</td>
</tr>
<tr>
<td colspan="2">学習前は移動距離が小さい動滑車の方が仕事は小さいと考えていたが，ひもを持つ手は同じ距離移動していた。また，摩擦力や動滑車の重さが関係していた。</td>
</tr>
</table>

❶評価基準

「A」＝十分満足できる	課題に対し，求められた用語を使い，学習した内容や数値等を用いて十分記述しようとしている。また，自己の学習の振り返りが十分できている。
「B」＝おおむね満足できる	課題に対し，求められた用語を使い，学習した内容や数値等を用いて記述しようとしている。また，自己の学習の振り返りができている。
「C」＝努力を要する	課題に対し，求められた用語を使えず，学習した内容を用いて記述できていない。また，自己の学習の振り返りができていない。

❷評価Ｂ・Ａの例

評価Ｂの記述例は，指定された用語を使い，学習した内容をもとにして説明し，自己の学習を振り返ることもできている。よって，「おおむね満足できる」状況（Ｂ）であると判断した。評価Ａの記述例は，指定された用語を使い，なぜ，仕事が違ったかを，摩擦力や道具の質量という原因に着目し分析できている。また，自己の学習を振り返ることができ，さらに生活の中での活用について記述できている。よって，「十分満足できる」状況（Ａ）と判断した。

【評価Ｂの記述例】

実際の実験では動滑車の方が仕事の大きさが小さいので有利である。移動後の位置エネルギーは変わらない。

学習前は移動距離が小さい動滑車の方が小さいと考えたが，動かす手の移動距離は変わらなかった。

【評価Ａの記述例】

	斜面	動滑車
仕事	5.2N ×2m ＝ 10.4J	5.1N ×2m ＝ 10.2J
位置エネルギー	10N ×1m ＝10J	10N ×1m ＝10J

摩擦力より動滑車の重力の方が小さいから動滑車の方が有利である。移動後の位置エネルギーは変わらない。

学習前は変わらないと考えたが，実際には摩擦力や動滑車の重さが関係する。しかし，実際にクレーンに使われている動滑車は何重にもなっており，力が小さくなる工夫があった。

---

❸評価Ｃの例

指定された用語を使えず，自己の学習を振り返ることが十分にできていない。よって，

【評価Ｃの記述例】

実験では動滑車の方が仕事は小さかった。よって動滑車の方が有利だ。

「努力を要する」状況（Ｃ）と判断した。今後の指導の手立てとしては，記述力に課題がある場合は，穴埋め式のワークシートを用意し，支援する。また，教師の判断基準が書かれたＡ・Ｂ評価の記述例を配付し，それを参考に記述できるようにする。

4　指導と評価の一体化を図るために

評価基準をワークシートに示し，生徒が達成すべき記述を意識して授業に取り組めるようにした。また，この授業のまとめで評価Ａの記述のよかったところを説明した。評価Ｂの記述の紹介では，どの点を工夫すれば評価Ａになるか説明した。これらのことを記述や発言，取り組みについて何回か行うことによって，生徒はどこをどのように努力すればよいか理解することができ，よい記述例を参考にそれに近づこうと努力することができた。

〈遠藤博則〉

12 第3学年　物理領域（第1分野(5)「運動とエネルギー」）
運動の規則性

1　どの場面で評価するのか—単元の指導計画（10時間）

時間	指導のねらい・学習活動	重点	記録	備考 ［記録方法］
1	・ピッチャーの球速と100m走の記録を比較し，速度の単位を理解する。	知		・時速または秒速に単位を揃えて比較している。
2	・チョロQの平均の速さと瞬間の速さを記録し，それぞれの速さを理解する。	知		・タブレット端末の連写撮影機能から，瞬間の速さを出すことができる。
3	・記録タイマーの使い方と，記録結果からわかることを理解する。	知	○	・台車の速さの変化について，記録タイマーで記録し，変化について説明ができている。［記述内容］
4	・一定の力が働き続けるときの運動について，力と運動の関係を実験から見いだす。	思	○	・一定の力が働き続けるときの運動について，記録タイマーの記録から説明ができている。［記述内容］
5	・等速直線運動と，慣性の法則について理解する。	知		・等速直線運動と慣性の法則について，身近な現象と結びつけて理解している。
6	・慣性の法則によって起きる現象について，説明ができる。	思		・慣性の法則によって起きる現象について，説明ができている。
7	・角度の違うすべり台での，すべるときに起きる運動の違いについて根拠をもって推定できる。	態	○	・急な斜面とゆるやかな斜面における物体の運動について，図や言葉で表現できている。［記述内容］
8	・前時の課題について，実験を通して解決できる。	思	○	・自分たちが考えた仮説と実験から，急な斜面とゆるやかな斜面での物体の運動の違いについて説明できている。［記述内容］
9	・真空中での自由落下について理解する。	知		・真空中における羽と鉄球の落下運動について理解している。
10	・宇宙空間で起きる作用・反作用について，説明ができる。	思		・宇宙空間で押し相撲を行ったときの現象について，説明ができている。

※記録の欄に○がついている授業は，教師が生徒の学習状況を意図的に記録する。

※記録の欄に○がついていない授業は，指導を優先し，網羅的な評価はしない。必要に応じて生徒の学習状況を把握し，次時以降の指導の改善に生かす。

※記録する態度の評価を第7時に置いたのは，ワークシートで見取った評価結果を第8時の指導に生かす意図がある。

2　どんな授業の進め方をするのか―評価計画

(1)授業のねらい

　ゆるやかな斜面と急な斜面における物体の運動の速さの増え方の違いについて，自分の仮説と，話し合いの中から出た仮説を比較し，状況に応じて自分の仮説を再考し，予測される状況を作図やイラストで説明する。また，根拠をもってわかりやすく自分の仮説の理由を説明できる。

(2)「主体的に学習に取り組む態度」の評価規準

　ゆるやかな斜面と急な斜面における物体の速さの増え方の違いについて，重力による分力を作図やイラストで表現し，それらを根拠に自分の仮説を相手にわかりやすく説明できている。

(3)指導と評価の流れ

学習場面	学習活動	学習活動における具体の評価規準	評価方法
導入	・ゆるやかな斜面のすべり台と，急な斜面のすべり台の写真を見せ，その速さの増え方に違いがあるかを聞く。 ・課題として，どちらが速さの増え方が大きいのか，検討してほしいことを伝える。		
展開1	発問：ゆるやかな斜面と急な斜面での速さの増え方について，仮説を立て，根拠をもって説明しよう。		
	・資料ボード（急な斜面とゆるやかな斜面のすべり台の図と略図）とワークシートを配付し，グループで討議する。（実験内容の，変える条件と変えない条件を整理することを伝える）		
展開2	・自分の考えと異なる場合，質問や意見などを出し合い，話し合いを通してグループ全体で考える。		
展開3	・各グループの意見を発表する。（どのような意見が出たのか，根拠をもって説明する） ・各グループの意見を聞き，自分の意見を再考する。	・協同的にグループで検討しながら各斜面上に働く重力の分力を記入したり，図や文章でわかりやすく説明したりしている。 【主体的に学習に取り組む態度】	記述・作図分析 発言観察
まとめ	・次回実験する方法とその結果予測を，ワークシートにまとめる。		

(4)評価の場面

・ワークシート回収後，記述内容，作図内容及び振り返り状況を見取る

・状況に応じて，グループでの発言内容を聞き取り，ワークシートの評価を上げる

3 いかに評価を見取るか—評価例

　授業実施後に回収したワークシートの記述内容を通して，態度を見取る評価を行う。

　この課題設定も，公園にあるような一般的なすべり台と傾斜80度のすべり台の写真を出し，「どちらが速さの増え方が大きくなるか」と生徒の興味を引くよう設定している。また，仮説を立てる際は，「誰にでもわかるように，わかりやすく書くこと」と伝えている。このことから，自分の経験をもとにするだけではなく，作図などで根

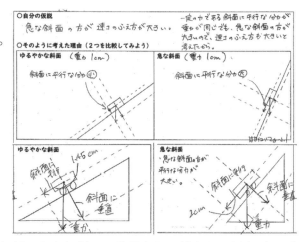

拠をもって説明をさせる。また，ゆるやかな斜面と急な斜面に作図をして終わりではなく，重力の大きさを揃えることや，2つの斜面における物体の高さを揃えること，斜面に平行な分力の長さを測定し記入することなど，相手の説明や自分が説明することを通して，さらに再考して最初に自分が書いた考えをよりよいものにしていき，仕上げたものを評価する。

❶評価基準

「A」=十分満足できる	作図ができた上で「斜面に平行な分力」が急な斜面の方が大きくなっていることを根拠をもって，具体的にわかりやすく説明できている。
「B」=おおむね満足できる	作図ができた上で「斜面に平行な分力」が急な斜面の方が大きくなっていることを根拠をもって説明できている。
「C」=努力を要する	各斜面の重力の分力を表現した図はかけているが「急な斜面の方が速さの増え方が大きい」のみしか書いていない。または，作図などができていない。

❷評価Bの例

　右の記述をした生徒は，自分の考えや，グループでの検討を通して，斜面に平行な分力が急な斜面の方が大きいということに作図をもとにふれている。このことから，主体的に学習に取り組む態度の観点で「おおむね満足できる」状況（B）と判断した。

【評価Bの記述例】
　急な斜面の方が速さの増え方は大きい。その理由は，作図から，2つの斜面における斜面に平行な分力が，急な斜面の方が大きくなっているから。

❸評価Aの例

右の記述をした生徒は，作図の中で，重力の大きさを同じにすることや，作図した斜面に平行な分力を感覚ではなく測定し，その差を根拠にしていること，斜面に平行な分力が一定の力であることなど，多角的に情報を整理し，これらを根拠に自分の仮説を説明している。このことから，主体的に学習に取り組む態度の観点で「十分満足できる」状況（A）と判断した。

> 【評価Aの記述例】
> 　急な斜面の方が速さの増え方は大きい。その理由は，重力の大きさを3cmと同じにすると，2つの斜面における斜面に平行な分力が，ゆるやかな斜面は1.7cmであるが，急な斜面は2.5cmと0.8cmも差があり，この一定の力の差が増え方の差になるから。

❹評価Cの例

右の記述をした生徒は，作図はできているが，作図から根拠となるものが見いだせず，書けていない。このことから，主体的に学習に取り組む態度の観点で「努力を要する」状況（C）と判断した。

> 【評価Cの記述例】
> 　急な斜面の方が速さの増え方が大きい。

❺評価Cの生徒に対する今後の指導の手立て

グループで検討する中で，教師が生徒の発言を「聴き」，そこから重要な部分を生徒に発表させ，評価Cの生徒がいるグループへと「つなぎ」，再度グループへ「戻す」ことで，教師主導でなく生徒主体で課題解決を導いていく。また，評価Cの生徒がいるグループに教師が入り，指名をしながら，グループ内の他の生徒の発言をつなぎ，解決へとつなげていく。その中で，これまでの学習事項を関連づけていけるようにサポートしていく。

また，グループでの発言を聞き取り，「急な斜面の方が分力を作図すると長くなる」などの発言があった場合，ワークシートが評価Cの生徒でも評価Bとした。

4　指導と評価の一体化を図るために

本単元では，斜面での速度変化，慣性の法則，作用・反作用の法則など，身近にある現象を経験や感覚で理解できるが，これらの説明には，単元を通した知識の習得が大切になる。生徒がこれらを理解・表現するためにも作図で表現することや，生徒同士の話し合いの中から，課題解決を行い，主体的に課題を解決しようとすることが大切になる。また，ワークシート内に振り返りを書かせ，生徒の学習状況を知るとともに，教師の振り返りとしても活用していく。

〈神田慎太郎〉

13 第3学年　化学領域（第1分野⑹「化学変化とイオン」）
酸とアルカリ

1　どの場面で評価するのか―単元の指導計画（10時間）

時間	指導のねらい・学習活動	重点	記録	備考［記録方法］
1	・既習事項や身の回りの物質をもとに，酸性やアルカリ性を示す物質にはどのような性質があるかを考える。（1枚ポートフォリオシートの単元を貫く問いに答える）	態		・酸性・アルカリ性の物質の性質について，身の回りの物質の性質と関連づけて，推論しようとしている。
2	・酸性・アルカリ性の水溶液の性質を調べる実験を行い，液性の調べ方や結果の解釈の方法を身につける。	知（態）		・酸性やアルカリ性の液性を調べるための様々な方法や結果を適切に表現する方法を身につけている。
3	・前時の実験結果や化学式をもとに，酸性・アルカリ性の水溶液に共通する性質について考える。	思（態）	○	・酸性やアルカリ性の水溶液について化学式と関連づけて説明している。［ワークシート］
4	・前時で見いだした酸性・アルカリ性の共通する性質をもとに，電気泳動実験の結果について，根拠をもって推論する。	思（態）	○	・前時で見いだした酸性・アルカリ性にそれぞれ共通する原子（イオン）をもとに，実験結果に対する仮説を，自分の言葉で表現している。［ワークシート］
5	・電気泳動の実験を行い，酸性やアルカリ性などの液性とイオンとの関係性を見いだす。	思（態）	○	・実験結果から，酸性やアルカリ性などの液性と，特定のイオンが関係していることを見いだして表現している。［ワークシート］
6	・身の回りの物質の液性を調べながら，酸・アルカリの強弱について，pHと関連づけて理解する。	知（態）		・水溶液の液性とpHとの関係性を理解し，pHを利用した液性を調べる方法を身につけている。
7	・酸とアルカリを混ぜ合わせる実験を行い，実験結果から中和について理解する。	知（態）		・中和が，酸とアルカリがお互いの性質を打ち消し合う反応であることを理解している。
8	・中和について，イオンと関連づけて考えることができる。	思（態）		・様々な物質の中和について，イオンの反応と関連づけて，推論している。
9	・身の回りで利用されている中和について調べ，他者にわかりやすく説明できるように資料を作成する。	態		・身の回りで利用されている中和について，他者にわかりやすく説明できるように，工夫して資料を作成しようとしている。
10	・単元で学習した内容をもとに，酸性やアルカリ性を示す物質にはどのような性質があるかを考える。	態	○	・毎回の授業で自らの学習を振り返っている。また，授業の内容を踏まえて新たな疑問や課題を設定している。［1枚ポートフォリオシート］

※毎授業後に1枚ポートフォリオシートに記述するため，（態）という記載になっている。

2　どんな授業の進め方をするのか—評価計画

(1)授業のねらい

　身の回りで利用されている中和について，各グループが調べた内容を説明する。その内容をもとに，中和を利用する意義について考える。また，単元のまとめとして，これまでの学習内容をもとに，酸・アルカリの性質について考える。

(2)「主体的に学習に取り組む態度」の評価規準

　毎回の授業で自らの学習を振り返っている。また，授業の内容を踏まえて新たな疑問や課題を設定している。

(3)指導と評価の流れ

学習場面	学習活動	学習活動における具体の評価規準	評価方法
導入	・前時に示した課題（指示）を確認する。 指示：各グループが調べた「身の回りで利用されている中和反応」をもとに，中和を利用する意義について考える。		
展開1	・ジグソー法を用いて，前時に調べた「自分のグループが調べた中和」について，他グループに説明する。 ・聞き手は，説明を聞きながら，ワークシートに「説明内容（得られた情報）」を記述する。		
展開2	・各グループから得られた情報をもとに，「中和を利用する利点」について，グループで意見交換をしながら，自分の考えを深める。		
まとめ	・単元を通して行ってきた1枚ポートフォリオシートに，本日の学習内容をまとめるとともに，「単元を貫く問い」に，単元終了後の自分の考えを記述する。	・毎回の授業で自らの学習を振り返っている。また，授業の内容を踏まえて新たな疑問や課題を設定している。	1枚ポートフォリオシート

(4)評価の場面

　単元終了後に，1枚ポートフォリオシートを回収する。記述内容より見取る。

　なお，1枚ポートフォリオシートは1人1台端末の学習支援アプリを通して毎時間提出させる。

3 いかに評価を見取るか—評価例

　単元終了後に回収した１枚ポートフォリオシートの記述内容を通して，態度を見取る評価を行う。従来の１枚ポートフォリオシートの構成要素は，「その時間に学習してわかったこと」と「単元を貫く問い」である。「その時間に学習してわかったこと」の欄を，「①授業を通してわかったこと」と「②授業を通して疑問に思ったこと」に分けることで，主体的に学習に取り組む態度の評価に活用する。

　「①授業を通してわかったこと」については，書く欄を自由枠にし，生徒が自由に記述量を調節できるようにすることで，生徒に学習内容を振り返る機会を与え，単元を通して「粘り強く学習に取り組む側面」を見取ることができる。また，「②授業を通して疑問に思ったこと」については，疑問点やさらに学びたいことを書く欄を設ける。疑問を感じることができるのは，学習内容を振り返り自分の中で内省することができているためである。つまり，「自ら学習を調整しようとする側面」を見取ることができる。

　「①」「②」の記述内容は，授業ごとに見取るのではなく，単元を通して総合的に見取ることで，主体的に学習に取り組む態度として評価することができる。さらに，単元を貫く問いについては，単元前後の記述内容の比較から，その生徒の変容を見取ることができ，「自ら学習を調整しようとする側面」を評価することもできる。

　１枚ポートフォリオシートは，プリントとして配付することも可能であるが，１人１台端末において，Microsoft Excel や Google スプレッドシート等を活用すると，生徒は枠の大きさに捉われずに自由に量を調節して記述できるだけでなく，撮影した写真等を１枚ポートフォリオシート内に差し込むことも可能である。これにより，生徒の授業履歴としての記録にもなるため，１枚ポートフォリオシートに記述することが，生徒が粘り強く学習に取り組む場面や自ら学習を調整しようとする場面を，計画的に設定することにもつながる。

日付	①授業を通して 「わかったこと」「わからなかったこと」	②授業を通して 「疑問に思ったこと」「もっと知りたいこと」
10/25 （第7時）	・酸性とアルカリ性の水溶液を混ぜると，お互いの性質を打ち消す。 ・同じ濃さ，同じ量の酸性とアルカリ性の水溶液を混ぜても，完全な中性（pH＝7）になるわけではない。 ・pH＝7の水溶液をつくるのは難しい。	・水酸化ナトリウム水溶液に塩酸を加えていく実験のときに，pH がはじめは全然変化しなかったのに，最後の一滴で pH＝11から pH＝3に急に変わった。pH が徐々に変わらずに，急に変わるのはなぜか。

①　　　　　　　　　　　　　　　　　　　②

1回分の授業の記述例（写真を利用した例）

課題：酸性・アルカリ性を示す物質には，どのような特徴があるだろうか。		
・酸性はすっぱいものが多く，アルカリ性は苦いものが多い ・酸性はBTB溶液が黄色になり，アルカリ性はBTB溶液が青色になる		
時間	①授業を通して「わかったこと」「わからなかったこと」	②授業を通して「疑問に思ったこと」「もっと知りたいこと」
第1時	・酢やレモン汁などのように身の回りのすっぱいものには酸性のものが多く，洗剤やせっけんなどの食べ物以外のものにアルカリ性のものが多いと思う。 ・BTB溶液やリトマス紙を使うと，液性を調べることができる。	・他にはどのような酸性やアルカリ性の物質があるのか。
第2時	・酸性の物質は，BTB溶液が黄色く変化し，青色リトマス紙が赤色に変化する。アルカリ性の物質は，BTB溶液が青色に変化し，赤色リトマス紙が青色に変化する。	・中性の物質はないのか。
第3時	・塩酸や硫酸のように，化学式に「H」が入っているものは酸性になる。 ・水酸化ナトリウムや石灰水のように化学式に「OH」が入っているものはアルカリ性になる。物質名が「〜酸」とつくものは酸性の物質が多く，「水酸化〜」とつくものはアルカリ性の物質が多い。	・水は「H」と「OH」をあわせるとできるから，中性なのか。 ・OHにもHが入っているが，酸性に入っている「H」とは違うのか。
第4時	・酸性の物質にはHが入っていて，Hは「H^+」になるので，−極に引きつけられると予想した。 ・アルカリ性の物質にはOHが入っていて，OHは「OH^-」になるので，＋極に引きつけられると予想した。 ・H^+とO^{2-}がくっついて，OH^-になる。	・H^+もOH^-も入っていないと中性なのか。（NaClは中性）
第5時	・予想通り，酸性の物質（BTB溶液が黄色）は−極の方に移動した。また，アルカリ性の物質（BTB溶液が青色）は＋極の方に移動した。 ・酸性を示すイオンはH^+，アルカリ性を示すイオンはOH^-。 ・酸性の物質よりもアルカリ性の物質の方が移動が遅い。	・アンモニアはNH_3と表すのに，なぜアルカリ性なのか。（OH^-が化学式に入っていない）
第6時	・pHは，H^+の濃さをもとにはかる値で，酸性やアルカリ性の濃さを詳しく示す値である。 ・pHメーターやpH試験紙を使うと，pHを調べることができる。 ・身の回りの飲み物は，ほとんどが酸性だった。	・家にある液体のpHを調べてみたい。
第7時	・酸性とアルカリ性の水溶液を混ぜると，お互いの性質を打ち消す。 ・同じ濃さ，同じ量の酸性とアルカリ性の水溶液を混ぜても，完全な中性（pH＝7）になるわけではない。 ・pH＝7の水溶液をつくるのは難しい。	・水酸化ナトリウム水溶液に塩酸を加えていく実験のときに，pHがはじめは全然変化しなかったのに，最後の一滴でpH＝11からpH＝3に急に変わった。pHが徐々に変わらずに，急に変わるのはなぜか。
第8時	・中和は，酸性のH^+とアルカリ性のOH^-からH_2Oができることで，お互いの性質を打ち消し合っている。 ・もともとの物質の残りのイオン同士が結びついて，別の物質ができる。（「塩」という）	・石灰水が二酸化炭素で白くにごるのも中和であることに驚いた。他にもどんな中和があるか知りたい。
第9時	〈自分の班が調べた中和→色が消えるのり〉 ・色が消えるのりには，アルカリ性でのみ青色に変化する指示薬が含まれている。のりを塗った直後は，のりの成分がアルカリ性であるために青色をしているが，次第に空気中の二酸化炭素（酸性）と中和して中性になるため，色が消える。	
課題：酸性・アルカリ性を示す物質には，どのような特徴があるだろうか。		
・酸性の物質の化学式には「H」が入っていて，電離するとH^+を生じさせる。H^+が酸性を示す。 ・アルカリ性の物質の化学式には「OH」が入っていて，電離するとOH^-を生じさせる。OH^-がアルカリ性を示す。 ・NH_3やCO_2のようにH^+やOH^-が入っていない物質でも，水に溶けることでH^+やOH^-を出すものもある。 ・酸性とアルカリ性を混ぜると，中和してお互いの性質を打ち消し合う。 ・中和ではH^+とOH^-からH_2Oができるため，お互いの性質を打ち消し合う。		

単元終了後の1枚ポートフォリオシートの例

❶評価基準

「A」＝十分満足できる	毎回の授業で自らの学習を振り返っていて，その内容を具体的に示すことができている。また授業の内容を踏まえて発展的な新たな疑問や課題を設定している。
「B」＝おおむね満足できる	毎回の授業で自らの学習を振り返っている。また授業の内容を踏まえて新たな疑問や課題を設定している。
「C」＝努力を要する	自らの学習を振り返っていない。また新たな疑問や課題を設定していない。

❷評価Bの例

　①については，授業で学んだことを言葉で示して，学習を振り返ることができている。また②については，説明された内容に対して，新たな疑問を生み出している。このことから，主体的に学習に取り組む態度の観点で「おおむね満足できる」状況（B）と判断した。

【評価Bの記述例】
①身の回りで利用されている中和には，掃除に使う薬品や色が消えるのり，料理，温泉街の工夫などがある。
②料理で使われている中和について，他にどのような工夫があるのか。

❸評価Aの例

　①については，授業で学んだことを言葉として振り返るだけでなく，自分の解釈を具体的に示して学習を振り返ることができている。また②については，既習事項であるpHの知識をもとにして，中和について質的な視点から量的な視点の疑問へと発展させている。このことから，主体的に学習に取り組む態度の観点で「十分満足できる」状況（A）と判断した。

【評価Aの記述例】
①身の回りで利用されている中和には，掃除に使う薬品や温泉街の工夫などがある。これらの特徴として，除去したい物質と反対の性質をもつ薬品を加えることで中和を起こして除去している。
②空気中の成分や温泉街のpHは日々変化すると思う。それに対して，中和に必要な薬品の量をどのように調整するのか。

❹評価Cの例

　①については，授業で学んだ内容にふれておらず，学習を振り返ることができているとはいえない。また②については，記述がなく，新たな疑問は生まれていない。このことから，主体的に学習に取り組む態度の観点で「努力を要する」状況（C）と判断した。

【評価Cの記述例】
①身の回りの中和について発表した。
②記述なし。

❺評価Cの生徒に対する今後の指導の手立て

　まず授業内で1枚ポートフォリオシートを書く時間を短時間でも確保し，①の項目については，その場で振り返る時間を設定する。その上で机間指導し，手が止まっている生徒や書けない生徒には，授業の内容を質問するなどして，個別に振り返りを促す。②の項目については，単元を通して1つは疑問点を見つけさせるなど，スモールステップで取り組む工夫を行う。

　1枚ポートフォリオシートは単元終了後に回収するが，定期的に集めて，生徒にフィードバックすることも大切である。特に，「生徒が1枚ポートフォリオシートに記述した内容をクラス全体で共有する」「生徒が記述した疑問点を次の授業の導入に活用する」など，生徒の疑問や気づきによって授業が発展していくような指導展開を工夫するとよい。そうすることで，生徒の達成感や内省につながり，より主体的に取り組むようになる。

4　指導と評価の一体化を図るために

　指導と評価の一体化を図る上で大切なことは，評価規準を生徒に事前に示すことである。評価規準についてしっかり説明することで，学ぶべきことが焦点化されるため，生徒はよりよいものをつくろうと主体的に取り組む。評価規準を事前に掲示し，説明することで，「評価」が生徒の資質・能力を向上させるツールとなる。

　この単元は，身の回りにある酸性・アルカリ性の物質の性質を調べる学習から始まり，酸性・アルカリ性の特徴をイオンの概念で考え，酸性・アルカリ性に関連するイオンの反応として中和を取り扱う単元である。つまり，前時の内容，既習事項をベースに，次時の学習へと発展させていく単元である。そのため，この単元の学習をより効果的に進めるためには，前時の内容を振り返り，自己の中でまとめる作業が必要不可欠となる。このように，日々の個人内評価（形成的評価）を繰り返す過程を，教師側が意識的，計画的に設定し，生徒の「主体的に学習に取り組む態度」を育む土台としていきたい。そのための教具として，この単元では「1枚ポートフォリオシート」を活用した。

　1枚ポートフォリオシートについては，ただ記述させるだけでは，生徒の資質・能力の育成につながらない。机間指導中の声かけ，コメントの返信，クラスでの共有など，生徒へのフィードバックは欠かせない。この些細な教師のアクションが，次時の生徒の取り組みを変化させ，より深化した記述を引き出す。つまり，「指導に生かす評価」こそが，生徒をより輝く顔にさせ，主体的に学習に取り組む態度を向上させるきっかけになると考える。

〈小原洋平〉

14 第3学年　生物領域（第2分野⑸「生命の連続性」）
生物の成長と殖え方

1　どの場面で評価するのか—単元の指導計画（9時間）

時間	指導のねらい・学習活動	重点	記録	備考［記録方法］
1	・「地球で初めての生物が誕生して約35億年。その生命が現在までどのようにしてつながってきたのだろうか」という，単元を貫く問いを他者と協働で考える。	思		・現在，地球上に存在する様々な種類の生物は，子孫を残す過程で誕生してきたことを理解している。
2	・身の回りの生物はどのようにして仲間をふやしているかを話し合う。	思		・生物のふえ方と，親と子の特徴の関係性を表現している。
3	・セイロンベンケイソウやプラナリアを観察し，無性生殖についての理解を深める。	知	○	・無性生殖について，例をあげてその特徴を説明している。［ワークシート］
4	・花粉管の伸長を観察し，植物の有性生殖についての理解を深める。	知	○	・被子植物の有性生殖について，受精から発生の過程を理解している。［ワークシート］
5	・ウニやアフリカツメガエルの卵割を観察し，動物の有性生殖について理解を深める。	知	○	・動物の有性生殖について，受精から発生の過程を理解している。［ワークシート］
6	・ソラマメの根の成長を観察し，前時までの観察と関連づけて，細胞のふえ方についての理解を深める。	知		・生物の体が成長していくとき，細胞にはどのような変化が起こるのかを理解している。
7	・発根させたタマネギ・ネギ・ニンニクなどを観察し，体細胞分裂する際の細胞の変化を確認する。	態		・細胞分裂の観察を行い，分裂している細胞の特徴を顕微鏡写真などで記録している。
8	・前時の観察結果を整理し，観察結果をクラス内で共有する。	態	○	・観察したいろいろな細胞について，染色体の形や位置に注目しながら，体細胞分裂の分裂行程やそれぞれの時期の特徴について理解している。［ワークシート］
9	・減数分裂と体細胞分裂における1細胞あたりの染色体の数の違いについて話し合う。	思		・減数分裂によって染色体数が半減した生殖細胞ができ，受精によって染色体の数はもとの数になることを理解している。

※記録の欄に○がついている授業は，教師が生徒の学習状況を意図的に記録する。

※記録の欄に○がついていない授業は，指導を優先し，網羅的な評価はしない。必要に応じて生徒の学習状況を把握し，次時以降の指導の改善に生かす。

2　どんな授業の進め方をするのか―評価計画

(1)授業のねらい

　観察結果をもとに，お互いが得た結果をクラス内で共有し，細胞分裂における様々な時期の様子や特徴を協働的に見いだす。

(2)「主体的に学習に取り組む態度」の評価規準

　自らの観察結果より，生徒同士の知識の共有化を図り，共通点や相違点を見いだす課題について，主体的に取り組む姿勢が見られる。

(3)指導と評価の流れ

学習場面	学習活動	学習活動における具体の評価規準	評価方法
導入	・前時に生徒が観察したものの中で，美しく撮影できている画像を数点選ばせる。		
展開1	指示：撮影した細胞を，その形や細胞内の様子の違いで仲間分けし，その特徴を言葉で表しなさい。 ・生徒は教室内で自由に交流し，自分が撮影した細胞の画像をクラスメイトと共有する。 ・共有する過程で，その形や細胞内の様子に共通点が見られるものを仲間分けしていく。		
展開2	・仲間分けされた細胞の画像を見比べて，それぞれのグループに属する細胞にはどのような共通する特徴があるのかを言葉で表現する。		
展開3	・体細胞分裂ではそれぞれの場面で特徴的な様子が見られることについて，自分たちの仲間分け及びそれらの言語化の視点は適切であったかを教科書や資料集で確認する。		
まとめ	・ワークシートに学習事項を整理し，リフレクションシートに記述する。	・お互いの知識の共有化を図り，共通点や相違点を見いだす課題について，主体的に取り組む姿勢が見られる。 【主体的に学習に取り組む態度】	記述分析

(4)評価の場面

　ワークシート及びリフレクションシートの提出後，その記述内容を見取る。

3 いかに評価を見取るか―評価例

　評価には授業実施後に回収したワークシートの記述内容を分析する方法が適している。その理由は，ワークシートの記述には生徒が協働的に学習した様子や，それを経て個々がどのように思考したのかが表れているからである。なお，評価にあたっては，ルーブリックを適切に設定し，事前に生徒にそれを周知することが求められる。ルーブリックを明示することで，生徒は何を目標に学びを進めればよいのかが明確になる。

　当然のことながら，多様な生徒を前に授業を進めるにあたって，なかなか授業者のねらいどおりに学習を進めることができない生徒が出てくることが予想される。教師は机間指導を行い，個別に声をかけ，ルーブリックを確認したり，学びの足かけとなるような発問をしたりするなどの対応が求められる。

　次にルーブリックを含めたワークシートの一例を提示しておく。生徒にとっても教師にとっても学びの指標をイメージしやすい文言を心がけたい。

体細胞分裂の様子

3年　　組　　番　氏名

1　撮影した顕微鏡の画像を仲間分けした様子を右のスペースに表しましょう。その際，形や細胞内の様子に共通点が見られたら，メモを残しましょう。

2　1で表した仲間分けについて，細胞の様子を見比べて，それぞれのグループに属する細胞にはどのような共通する特徴があるのか言葉で表現しましょう。

3　自分たちの仲間分けやそれらを表現した言葉は適切であったかを教科書や資料集で確認しましょう。

4　自分たちの学習活動を次の①～③に注目して振り返りましょう。
①クラスメイトと体細胞分裂の画像を共有する過程で感じたことや考えたことを書きましょう
②細胞の様子を見比べて，それらの共通点や相違点を言葉にすることで，わかったことや気づいたことを書きましょう
③その他，観察でうまくいったことや失敗したことなどを振り返りましょう

【ルーブリック】

評価	A	B	C
内容	クラスメイトとの対話を通してお互いの知識を共有する過程で，様々な体細胞分裂における共通点や相違点を見いだし，観察で学んだことを言語化することができている。	様々な体細胞分裂における共通点や相違点を見いだし，観察で学んだことを言語化することができている。	記述内容がただの感想になってしまっているなど，様々な体細胞分裂における共通点や相違点を見いだし，観察で学んだことを言語化することができていない。

❶評価Ｂ・Ａの例

　右の記述をした生徒は，観察より見いだした共通点や相違点や観察を通じた振り返りを言語化することができている。このことから，主体的に学習に取り組む態度の観点で「おおむね満足できる」状況（Ｂ）と判断した。

　一方，右の記述をした生徒は，共通点や相違点を見いだし，知識を協働的に共有する過程で，自らの失敗も含めて既習知識に結びつけて言語化している様子を記述から見取ることができる。このことから，自らの学習を多面的に見取ることができているため，主体的に学習に取り組む態度の観点で「十分満足できる」状況（Ａ）と判断した。

> 【評価Ｂの記述例】
> 　各細胞周期において，細胞内の染色体の様子がそれぞれ異なっている。染色体が観察できるような細胞分裂中のものは，主に小さな細胞が集まっているところを観察すると，よく見られ，その部分が成長点だと思われる。

> 【評価Ａの記述例】
> 　様々な画像を仲間分けした結果，染色体が細胞の中央に寄っているものや細胞の両端に分かれているものなど，細胞内の染色体の様子がそれぞれ異なっていた。観察当初は細長い細胞ばかりを観察していて，うまく観察できなかったが，同じ班の友達から，小さな細胞が集まっているところを集中的に観察するとよいと教えてもらった。このことから自分は最初，細胞が分裂後に成長している部分を観察していたと思われる。

❷評価Ｃの例

　右の記述をした生徒は，学習の振り返りが，ただの感想となってしまっている。このことから，主体的に学習に取り組む態度の観点で「努力を要する」状況（Ｃ）と判断した。

> 【評価Ｃの記述例】
> 　最初は細胞が分裂しているところを観察できなかったけれど，授業の最後の方でいくつかの染色体を観察することができてよかったです。

　今後の指導の手立てとしては，ルーブリックに書かれている評価基準を再度確認させ，言語化すべき項目を教師とともに確認する。その上で，共通点や相違点や観察時に困ったことなどを会話しながら声に出させ，これまでの学習事項と関連づけるようにサポートする。

4　指導と評価の一体化を図るために

　指導と評価の一体化には，生徒が得た知識及び技能を活用し，級友と学習に協働的に取り組む過程で，思考力や表現力を身につけるために，その思考過程や結果を言語化し，自らの学びを俯瞰的に見取る側面を評価することが求められる。実際の評価の方法としては，生徒の学習の記録が残されているワークシートやリフレクションシートなどを記録分析することが考えられる。

〈森岡啓〉

15 自然の中の生物

1　どの場面で評価するのか—単元の指導計画（9時間）

時間	指導のねらい・学習活動	重点	記録	備考［記録方法］
1	・生態系では，生物同士の間にどのような関係が見られるかについて考える。	知		・小学校で学んできた学習内容や身近な生物を例にして，生態系について理解している。
2	・陸上や海洋の生態系における生物同士の関係から，生物の数量的な関係やつりあいについて理解する。	思		・生物の数量的な関係や数量のつりあいが変動しながらもほぼ一定に保たれていることを理解している。
3	・生態系における生物の役割について理解を深める。	知		・生態系における生産者，消費者，分解者の存在と働きについて理解している。
4	・土壌微生物の働きを調べる実験を行うための仮説を立て，検証実験を計画する。	思	○	・分解者が有機物を無機物に分解するかを調べる実験を計画することができる。［記述分析］
5	・計画した実験を適切に実施する。	思		・計画した実験を適切に行うことができる。
6	・前時に準備しておいた実験結果を確認して適切に記録をとり，結果について考察する。	思	○	・前時に準備しておいた実験の結果を確認し，適切に記録している。［記述分析］
7	・実施した実験について発表するためのポスターを作成する。	思	○	・実験結果を見やすく表現したポスターを作成している。［成果物］
8	・実験について発表し，互いの発表についてコメントして実験を振り返る。	態思	○	・互いの実験方法や結果・考察について指摘し合う。［記述分析］
9	・生態系の生物が炭素循環にどのように影響を与えているのかについて理解する。	知		・実験結果も踏まえながら，生態系の炭素循環について理解している。

※記録の欄に○がついている授業は，教師が生徒の学習状況を意図的に記録する。

※記録の欄に○がついていない授業は，指導を優先し，網羅的な評価はしない。必要に応じて生徒の学習状況を把握し，次時以降の指導の改善に生かす。

2　どんな授業の進め方をするのか―評価計画

(1)授業のねらい

　本事例では，単元「自然と人間」の中でも特に，土壌微生物が有機物を無機物に分解する働きを調べる実験に焦点をあてた。第1時～第3時で生態系における生物の役割について学んだ後，全班で同じ実験を行うのではなく，各班で工夫して検証実験を立案する。まず，教師側から大きな課題として「土壌中の微生物は，本当に有機物を無機物に分解しているのだろうか？」を提示し，各班でそれぞれ今回の課題に関する仮説を立てさせた。次に仮説を検証でき，かつ2時間程度で実施可能な実験方法を各班で立案し，2回にわたって実験を行った（写真）。その後，実験結果や考察も含めた一連の探究の流れを研究発表ポスター形式にまとめ，発表して相互評価を行う活動を実施した。

　このような主体的で探究的な学習活動を進める際には，どの時間や場面においても生徒各自の主体性が強く求められる。一連の活動すべてを「主体的に学習に取り組む態度」として評価することも十分考えられたが，今回は，自ら考えた実験を遂行する過程や，一連の過程を発表ポスターにまとめた成果物については，「思考・判断・表現」として評価した。「主体的に学習に取り組む態度」の評価については，他の班の発表をよく聴き，他の班の発表内容について実験の妥当性という観点から互いにコメントするといった相互評価の活動で主に行うこととした。

実験の際には，各班がそれぞれ使用する予定の
デンプン寒天培地や試薬などを用意する

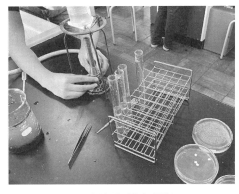

ある班では土壌懸濁液を煮沸している

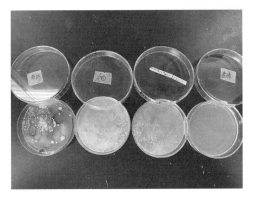

デンプン寒天培地に土壌懸濁液を塗布して1週間
保温し，菌類・細菌類が生えてきた様子

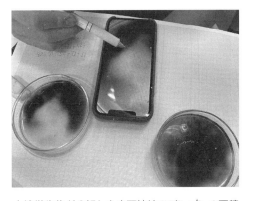

土壌微生物が分解した寒天培地のデンプンの面積
を方眼紙で計測する

(2)「主体的に学習に取り組む態度」の評価規準

・他の班の発表を聴き，気がついた点について指摘している

・発表のどのような点がよかったのか，項目別に具体的に指摘していて主体的に取り組む姿勢が見られる

(3)指導と評価の流れ

学習場面	学習活動	学習活動における具体の評価規準	評価方法
導入	・本時の活動を確認する。		
展開1	指示：分解者の働きを調べる実験について発表して，互いにコメントしよう。		
	・各班の作成した発表ポスターを教室のスクリーンに映して，2分程度で発表を行う。 ・他の班の発表を聴く。	・進んで発表を行い，他の班の発表もよく聴いている。	行動観察
展開2	・他の班の発表ポスターを見ながら，以下の項目について記述する。 ①このポスターのよいところ 　（実験内容，実験結果，デザインなど） ②仮説を確かめる実験になっているか ③実験結果はとれているか 　（何かしらの値になっているか） ④表やグラフなど結果の表現方法は適切か	・他の班のポスターを見ながら，気がついた点を指摘している。 ・発表のよかった点や修正点を具体的に考え，指摘している。	記述分析
まとめ	・他の生徒からの指摘事項を踏まえ自分の実験の妥当性を振り返る。	・実験の妥当性の振り返りについては，思考・判断・表現の観点から評価を行う。	記述分析

(4)評価の場面

相互評価シートの提出後，その記述内容を見取る。

3　いかに評価を見取るか―評価例

次のような相互評価シートを用いて，互いの発表を聴いてよい点や改善点などをいかに指摘できるかという点から主体的に学習に取り組む態度を見取り，評価を行う。

分解者の働きを調べる実験　相互評価シート　３年○組△班のポスターについて				
記入者名	①このポスターのよいところ（実験内容，実験結果，デザインなど）	②仮説を確かめる実験になっているか	③実験結果はとれているか（何かしらの値になっているか）	④表やグラフなど結果の表現方法は適切か

※ Google スプレッドシートを共有して，各班の評価シートに複数人が同時に記述する

相互評価シート例

各班につき１枚，分解者の働きについての課題，仮説，実験方法，実験結果，考察という一連の探究の過程をポスター形式でまとめさせる。発表方法は，１人１台端末を使用して，ポスターを見ながら発表する班は教室のスクリーンに映したポスター画面を見ながら２分程度，口頭で説明する。

以下の記述例は，右のポスター例について指摘したものである。

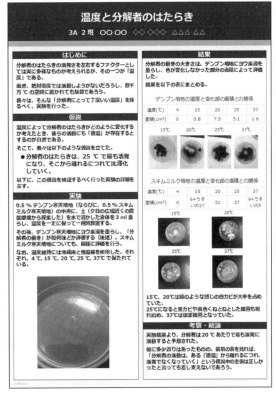

実験発表ポスター例

❶評価基準

「A」＝十分満足できる	他の班の実験発表ポスターのよかった点や改善点を見いだし，相互評価シートの各項目①〜④についてそれぞれ具体的に指摘している。
「B」＝おおむね満足できる	他の班の実験発表ポスターのよかった点や改善点を見いだし，相互評価シートの各項目①〜④のいずれかについて具体的に指摘している。
「C」＝努力を要する	他の班の実験発表ポスターのよかった点や改善点を具体的に指摘していない，または見いだせていない。

❷評価Bの例

　右の記述は，①の項目ではよかった点を具体的に記述しており，④の項目では発表内容の改善の提案をしている。一方で，②と③については具体的な記述がない。このことから，主体的に学習に取り組む態度の観点で「おおむね満足できる」状況（B）と判断した。

【評価Bの記述例】

①デザインはきれいにできている。また，実験内容も種類，温度における差を考慮した内容となっている。

②示せている。

③数値としてとれている。

④スキムミルクの「うすい」以外の表記は見やすかった。グラフがあるとよりよい。

❸評価Aの例

　右の記述は，①〜④のすべての項目についてよかった点や表現方法の改善点について，具体的に記述している。発表における改善点も指摘しており，主体的に学習に取り組む態度が読み取れる。このことから，主体的に学習に取り組む態度の観点で「十分満足できる」状況（A）と判断した。

【評価Aの記述例】

①実験結果がわかりやすくまとめられていて，考察とも対応している。デンプンとスキムミルクという違う視点で実験をしていることでより結果に信憑性が出ている。

②温度以外の条件が揃えられており，実験方法が仮説と合っている。

③実験結果が明確に数値化されている。

④表の中で一番高い値が出たところの色を変えるなどするとさらに見やすくなるかもしれない。また，表の中で大事な数値は強調するとよい。

❹評価Cの例

右の記述は，①の項目では具体的によい点を記述しているものの，他の項目では項目に答えることしかしていない。このことから，主体的に学習に取り組む態度の観点で「努力を要する」状況（C）と判断した。

> 【評価Cの記述例】
> ①写真と表が対応していてわかりやすい。
> ②なっている。
> ③とれている。
> ④適切。

❺評価Cの生徒に対する今後の指導の手立て

他の生徒の記述例を参考にしながら，理由とともに具体的に記述するよう声をかけて相互評価できるように支援する。生徒によっては，丁寧な記述が苦手で，必要最低限の単語しか書けなかったり，当たり前だと思っていることをわざわざ記述しなかったりする。生徒の頭の中に浮かんでいることを教師が直接評価することは難しいため，ワークシートなどに記述したものが客観的で具体的な評価対象となるということを，生徒自身にもよく理解させる必要がある。

4　指導と評価の一体化を図るために

今回の例では，①〜④の項目の問いかけ文の形式によっては，生徒の記述が評価Cの例のように単純になってしまう可能性があることを教師がよく認識しておく必要がある。本実践事例もそのような項目の問いかけ文になってしまっていることは否めない。①〜④の項目として，他には「結果の示し方のよいところはどこか」「改善すべき点はどこか」など，生徒がより具体的な振り返りができるような問いかけ文が考えられる。また，主体的に学習に取り組む態度をこのような記述分析によって評価することや，どのような記述をすれば評価Aになるのかについて，授業の前にあらかじめ生徒に伝えておくことが大切である。

〈宇田川麻由〉

16 その他（全領域「探究的な学習活動」）
自由研究

1　どの場面で評価するのか—単元の指導計画（2時間）

　夏休みなど長期休業中に行う自由研究について，長期休業の前にテーマの設定と実験・観察計画の立案を授業の中で行うことで，自由研究への積極的な取り組みを促す。生徒は長期休業中に自由研究を進め，実験・観察レポートを作成する。長期休業明けの授業で自由研究を発表する時間を設け，生徒同士で相互評価を行うことを通して自らの研究を振り返り，改善点を見いだす。自らの研究の改善点をどのように捉えようとしているかについて，記録に残す態度の評価とする。学校の理科の授業としての指導計画は長期休業前後の2時間とする。

時間	指導のねらい・学習活動	重点	記録	備考［記録方法］
1	・自由研究のテーマを設定する。 「課題の設定と実験・観察計画の立案」	知		・テーマを設定して仮説を立て，検証するための実験・観察計画を立案することができる。
	・長期休業を利用した生徒による探究学習。	知 思		・計画した実験・観察を通して探究し，その過程を踏まえてレポートを作成することができる。
2	・自由研究を発表する。 「口頭発表と生徒による相互評価」	態	○	・レポートの内容を口頭発表し，わかりやすく伝えることができる。［行動観察］
				・他の人の口頭発表を聞き合い，互いに評価し合うことができる。［記述分析］
	・レポートの改善。 ・理科室前の廊下や学習発表会等におけるレポートの展示発表。	態 知 思	○	・レポートを返却し，発表会での自己評価や相互評価から得た自らの研究の改善点を生かして研究の修正を図り，今後の研究の展望を加えて再提出させる。［記述分析］

※記録の欄に○がついている授業は，教師が生徒の学習状況を意図的に記録する。

※記録の欄に○がついていない授業は，指導を優先し，網羅的な評価はしない。必要に応じて生徒の学習状況を把握し，次時以降の指導の改善に生かす。

2　どんな授業の進め方をするのか―評価計画

(1)授業のねらい

　長期休業中に行った自由研究について口頭発表をして他の人に伝えるとともに，ルーブリックに基づいた生徒同士の相互評価により研究内容や発表を分析し，自らの研究を振り返り改善点を見いだす。

(2)「主体的に学習に取り組む態度」の評価規準

　自分や他の人の研究内容や発表を分析的な視点で捉えることにより，自らの研究のよさや改善点を見いだそうとしている。

(3)指導と評価の流れ

学習場面	学習活動	学習活動における具体の評価規準	評価方法
導入	・本時のねらいを確認する。 ・授業の流れを確認する。 課題：自由研究の内容を発表して互いに評価し合い，自分が行った研究や他の人の研究のよかった点や改善点を見いだそう。		
展開1	・示されたルーブリックで相互評価の視点や基準を知る。レポートの見た目のきれいさや発表の話し方ではなく，研究の内容について評価することを伝える。 ・発表時間（1人3分程度）と発表内容や発表方法を知る。 ・3人程度の少人数のグループをつくり，発表の順番を決める。 ・発表練習を各自で行う。	・ルーブリック評価。（詳細は次ページ） 〈理科　夏休みの自由研究の相互評価　ルーブリック評価〉	
展開2	・1人3分で研究内容の口頭発表をグループ内で行う。 ・発表者に質問をする。 ・他の人の発表を評価する。発表した生徒は自己評価をする。 ・ルーブリック評価シートを発表者に渡して評価内容を伝え合う。	・レポートの内容を口頭発表し，わかりやすく伝えることができているか。 ・他の人の研究についての発表を聞き，発表内容のよさや課題を分析的に評価しようとしているか。 【主体的に学習に取り組む態度】	行動観察 記述分析
展開3	・グループを組み換える。 　（例えば3人グループの場合には，「1番目に発表した生徒が後ろのグループへ移動し，2番目の生徒はそのまま残り，3番目の生徒は前のグループに移動する」と指示するとグループのメンバーが入れ替わる）		

展開4	・組み替えたグループで1人3分の口頭発表をグループ内で行い，質問時間をとった上で相互評価をする。ルーブリック評価シートを発表者に渡して評価内容を伝え合う。 ・授業の残り時間によってさらにグループの構成を組み替えて発表と相互評価を行う。		
まとめ	・発表した際の自己評価や他の人が評価したルーブリック評価シートを読むことで振り返りを行い，自らの研究のよかった点や改善点を見いだして記述する。 ・本時の相互評価を踏まえ，自分の研究の今後の展望を再提出するレポートに加筆するよう指示する。	・自らの研究について振り返り，よかった点や改善点を見いだそうとしているか。 ・自らの研究の課題や今後の展望を見いだそうとしているか。 【主体的に学習に取り組む態度】	記述分析

〈理科　夏休みの自由研究の相互評価　ルーブリック評価〉

(　　番　　　　　　　　) さんの考察　　　　(　) 年 (　) 組 (　) 番　氏名 (　　　　　　)

評価の観点		S 期待を超えたレベル	A 期待しているレベル	B 身につけてほしいレベル	C 課題があるレベル
興味深さ	興味深い研究テーマが設定され，興味を引くような研究内容になっているか	着眼点がよく，テーマの設定に説得力があり，真似したくなる研究内容である	研究テーマの設定や研究内容にとても興味を引かれる	研究テーマや内容に興味はわく	研究テーマの設定が曖昧で研究内容が興味深くない
考えの主張	研究を通して自分で考えたことを主張しているか	仮説を検証するなど，自分の考えが論理的に伝わるように工夫して主張している	自分の考えを根拠をもとに明確に主張している	根拠はないが，自分で考えたことが述べられている	単なる感想になっていて自分で考えたことを主張していない
伝え方	研究した内容をわかりやすく伝えているか	研究内容について、興味を引くように魅力的に伝えている	研究した内容について，工夫をしてわかりやすく伝えている	研究した内容がわかるように伝えられている	研究した内容がわかりにくい
総合	研究として充実した内容になっているか	研究内容に思わず他の人に教えたくなるような魅力があり，充実している	研究として充実した内容になっている	研究でわかったことや考えたことを表現した内容になっている	研究内容が薄くてわかりにくいなど，研究として不十分である

1．○○さんの研究のよかったところや参考にしたいところ・改善点などのアドバイス

生徒同士の相互評価に用いるルーブリック評価シート

(4)評価の場面

・発表や相互評価に取り組む様子を観察する

・ワークシートまたは1人1台端末の学習支援アプリで作成したものを提出させ，記述内容を見取る

3　いかに評価を見取るか―評価例

　授業実施後に回収した自己評価や相互評価のワークシートで記述を分析することにより，態度を見取る評価を行う。他の人の研究についての「1　相互評価」は，その発表者の研究の質が低すぎる場合などは具体的な改善点を記述しにくい場合があるので，複数人の研究について相互評価した記述を総合的に見取るようにするとよい。

（ワークシートの一部）

1　〔相互評価〕○○さんの自由研究のよかったところや参考にしたいところ，改善点などのアドバイスを書きましょう。

〈生徒の記述欄〉

2　〔自己評価〕自分の自由研究や発表を振り返り，よかった点や改善点，今後の研究の展望を書きましょう。

〈生徒の記述欄〉

※レポートの再提出の際に，次の2点もレポートの最後に加筆しましょう

　①自己評価や相互評価のどのような点を生かして研究やレポートの修正を図ったか

　②今後の研究のさらなる展望

---

❶評価基準

「A」＝十分満足できる	自分や他の人の研究のよさを具体的に取り上げ，自らの研究の課題を分析的に振り返り，改善点を見いだそうとしている。
「B」＝おおむね満足できる	自分や他の人の研究のよさに気づき，自らの研究の課題を振り返り改善しようとしている。
「C」＝努力を要する	自分や他の人の研究のよさや改善点に気づいていない。あるいはよさや改善点に気づいてはいるが，明確ではなく曖昧である。レポートの見た目や発表方法に注目している。

　ルーブリック評価シートで生徒同士が相互評価をする際に，見た目のきれいさや発表のうまさよりも，研究の内容について評価することをあらかじめ伝えている。教師の評価も，研究内容についてのよさや改善点を見いだそうとしているかに着目し，見取っていくことに留意する。

❷評価Bの例

自分や他の人の研究のよさに気づき，課題を振り返り改善しようとしている。このことから，主体的に学習に取り組む態度の観点で「おおむね満足できる」状況（B）と判断した。

1　相互評価【評価Bの記述例】	2　自己評価【評価Bの記述例】
テーマ名がとてもおもしろく，インパクトがあるところがよかった。今までに習った内容と日常での疑問を結びつけてテーマ設定をしていたところを参考にしたいと思った。	自分の意見を強く主張している人が印象に残ったので，私も自分の意見をもち考えをさらに明確にしたいと感じた。
記述から，研究におけるテーマ設定の重要さを実感していることが読み取れる。	記述から，自分の考えを明確にして考察することを改善点としてあげていることが読み取れる。

❸評価Aの例

自分や他の人の研究のよさを具体的に取り上げ，課題を分析的に振り返り，改善点を見いだそうとしている。このことから，主体的に学習に取り組む態度の観点で「十分満足できる」状況（A）と判断した。

1　相互評価【評価Aの記述例】	2　自己評価【評価Aの記述例】
いろいろな種類の猿人について調べていて，その猿人の特徴や特技などをわかりやすく伝えていた。猿人の顔や体，骨の写真の比較から，それぞれの違いがわかりやすく表現されていた。自分が特に伝えたい内容を選んで発表していたことで，この研究で主張したいことがよりはっきり伝わってきた。	自分の研究テーマを選んだ動機や考察が曖昧になってしまったのではっきりさせたいと思った。また，相手が興味をもってくれるように，グラフや絵を多く取り入れて視覚的にわかりやすい結果を表現していこうと思った。実験結果から自分がどのようなことを考えたかをもっと主張できるレポートに改善したい。
記述から，他の人の研究のよかった点を具体的に取り上げ，研究内容を理解しながらこの研究のよさを分析していることが読み取れる。	記述から，自分の研究の改善点を具体的に取り上げ，どのようにすればもっとよいレポートになるのかを分析していることが読み取れる。

❹評価Cの例

自分や他の人の研究のよさや改善点に気づいてはいるようであるが，明確ではなく抽象的である。このことから，主体的に学習に取り組む態度の観点で「努力を要する」状況（C）と判断した。

1　相互評価【評価Cの記述例】	2　自己評価【評価Cの記述例】
〇〇さんのレポートはもう少し内容を深くしてわかりやすいレポートにするべきだと思った。	もっと研究の動機を多く書く。文字をきれいに書く。
記述から，他の人の研究を改善した方がよいと感じているのは伝わってくるが，どのようにすれば研究内容が深くなりわかりやすくなるのかは記述されておらず，曖昧さがある。	記述から，研究の動機の記述が大事であることには気づいているが，文字数を多くしレポートをきれいに書けばよいという考えが読み取れ，研究内容の改善には着目していない。

❺評価Cの生徒に対する今後の指導の手立て

「1　相互評価」は，研究内容を理解しないと研究のよさや改善点を見いだすことはできない。他の人の発表を聞いた後に質問タイムを設けて発表者への質問を出させることで「何がわからないかがわからない」という状況を変え，研究内容を理解しようとする態度を育成したい。「2　自己評価」は，どのように書くとよいのか評価Aの生徒の文章をいくつか紹介して模範になる記述を見せたり，教師がその生徒のレポートを評価してコメントしたりするなどして，研究を改善する視点を教示していくとよいだろう。

4　指導と評価の一体化を図るために

　展開1で研究の「内容」について評価するという視点が生徒に伝わらないと，生徒はレポートの見た目や発表のうまさなどの表現方法に着目しがちになる。また，展開2の相互評価の開始段階において，授業者が生徒の評価の進行状況を形成的に見取り，視点が誤っている評価を見つけてその場で指導して修正を図る必要がある。つまり，授業後に出されたワークシートで評価Cがつく生徒が出ることは，授業者の指示の不明確さや見取りの甘さ，その場面での指導の不十分さを表している。相互評価は他の人や自分の研究のよさや改善点を具体的に気づかせた上で，自身の研究の改善を図るところまで行わせたい。本時の授業後に一度レポートを返却して再提出するまで一定の期間を設け，自分の研究内容やレポートについて修正を図らせる。その際，「相互評価や自己評価のどのような点を生かして研究やレポートの修正を図ったか」と「この研究の今後の展望」の2点をレポートの最後に加筆することを課す。これが再提出されたレポート自体の主体的に学習に取り組む態度の評価につながる。本時の設定により研究に対する新たな気づきが促され，長期休業後に提出されたレポートよりもはるかに質的に高められたものになる。生徒が主体的に取り組んだ証が新たに加わったレポートの展示発表等をすることができれば，学び合いの意義もさらに高められていく。

〈川島紀子〉

その他（第1分野⑸「運動とエネルギー」）
動画の活用

1 どの場面で評価するのか―単元の指導計画（10時間）

時間	指導のねらい・学習活動	重点	記録	備考［記録方法］
1	・雨粒の運動について考える。【動画視聴】 ・物体の運動の記録方法を知る。	態	△	・雨粒の運動について既習事項を活用し自分の考えを述べている。［記述分析］
2	・おもちゃの速さをはかる実験を行い、速さのはかり方について理解する。	知		・おもちゃの速さをはかる方法を考え、適切な方法で測定している。
3	・記録タイマーの使い方について学び、適切な方法で物体の運動を記録しグラフ化する方法を理解する。	知		・記録タイマーの原理を理解し、正しく測定しグラフ化することができる。
4	・記録タイマーを使い、水平面において物体に力が働かない場合の運動を記録しその特徴を理解する。	知	○	・記録タイマーを使い、力が働かない場合の物体の運動を記録しグラフ化できる。 ［記述分析］
5	・記録タイマーを使い、水平面において物体に一定の力が働く場合の運動を記録しその特徴を理解する。	知	○	・記録タイマーを使い、一定の力が働き続ける場合の物体の運動を記録しグラフ化できる。 ［記述分析］
6	・実験の結果から、物体に働く力とその運動の関係について考え理解する。（等速直線運動）	知		・物体に働く力と物体の運動を関連づけて理解できる。
7	・斜面での物体の運動について理解する。	思	○	・斜面での台車の運動について力と関連づけて説明できる。［記述分析］
8	・斜面での物体の運動について、重力の分力について理解する。	思		・斜面での台車に働く重力を分解し、その分力と台車の運動について説明できる。
9	・自由落下の演示実験を行う。 ・雨粒の運動について学習してきた知識を用いて考え、自分の考えを表現する。【動画視聴】	態	○	・雨粒の運動について既習事項を活用し自分の考えを述べている。［記述分析］ ・単元学習の前後の記述を比べ、自身の学習を振り返ることができる。［記述分析］
10	・雨粒の運動のまとめをする。 ・物体間での力の及ぼし合いを理解する。	知		・作用・反作用の法則について理解する。

※記録の欄に○がついている授業は、教師が生徒の学習状況を意図的に記録する。
※記録の欄に○がついていない授業は、指導を優先し、網羅的な評価はしない。必要に応じて生徒の学習状況を把握し、次時以降の指導の改善に生かす。記録の欄に△がついている授業は、指導に生かす評価、記録なし。
※主体的に学習に取り組む態度の評価を第1時・第9時に置き、生徒が自身の変容を捉え、学習による成果を実感し、学習の意義を感じることができるようにしている。

2　どんな授業の進め方をするのか─評価計画

(1)授業のねらい

　NHK for School「アクティブ10　理科」の「力と運動」の「探究のとびら」の課題「地表近くで雨粒の速さが一定になる理由」について，これまで単元で学習してきた内容を活用しながら，話し合い活動を通して生徒自らが考え答えを出す。

(2)「主体的に学習に取り組む態度」の評価規準

　「地表近くで雨粒の速さが一定になる理由」を，これまでの学習をもとに考え，クラスの仲間と意見を共有しながら試行錯誤し説明しようとしている。また，学習前後の自分の意見を見比べ，自身の学習の振り返りを行っている。

(3)指導と評価の流れ

学習場面	学習活動	学習活動における具体の評価規準	評価方法
導入	・自由落下における空気抵抗の影響について演示実験を見ながら理解する。 ・NHK for School「アクティブ10　理科」の「力と運動」の「探究のとびら」を視聴する（0：00～2：53）。 ・プリントを見返し自身の最初の考えを振り返る。		
展開1	指示：なぜ雨粒の速さが変わらなくなるのか今まで学習してきた知識を使ってもう一度理由を考えよう。		
展開1	・「探究のかぎ」を視聴する（2：54～3：51）。 ・単元での学習内容を振り返る。 ・学習してきたことを思い出しながら現時点での自分の考えを書く。	話し合いの様子	
展開2	・班の中で発表会を行い自分の考えを発表するとともに，他のメンバーの考えを聞き必要に応じてメモをとる。		
展開3	・教室内を自由に動き，他の人と意見交換しながら，決められた時間までに自分の意見をまとめる。	・課題に対して，これまでの学習をもとに考え，他者と意見交換しながら説明しようとしている。 【主体的に学習に取り組む態度】	ワークシート 記述分析
まとめ	・学習前後の自分の考えを見比べながら学習を振り返る。	・学習前後の自分の意見を見比べ，自身の学習の振り返りを行っている。 【主体的に学習に取り組む態度】	ワークシート 記述分析

(4)評価の場面

　ワークシートの提出後，記述を見取る。

3 いかに評価を見取るか—評価例

　生徒は「雨粒は最初加速していくが，地表近くでは速さが変わらなくなるのはなぜか？」という課題について単元前後で考え，単元の学習を進めていくことで自分なりの答えを見つけていった。下に示したのは単元を通しての学習を評価する方法として活用したワークシートと生徒の記述例である。教師だけでなく生徒自身も自分の成長を見取り自己評価できるよう，単元学習前を左ページ，単元学習後を右ページと明確に分けて作成している。課題に対しての答えの変化とともに生徒自身の振り返りを通して教師は生徒の変容を捉えることができる。

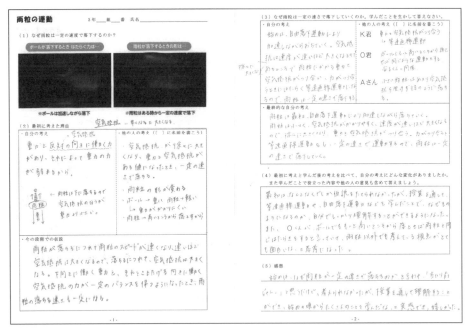

　単元を通して，課題に対する取り組みや変容を評価するため，三段階の課題に取り組ませ，評価を行っている。①単元学習前：未知の課題に対して自分がもっている知識を用いて考え，クラスの仲間の意見を取り入れながら今の段階での自分の仮説を立てる（プリント左ページ(2)）。②単元学習後：単元で学習した内容を生かし，クラスの仲間の意見を取り入れながら最終的な自分の考えをまとめる（プリント右ページ(3)）。③振り返り：単元学習前と単元学習後の自分の考えを比べながら自分の考えの変化と単元の学習についての振り返りを行う〔自己評価〕（プリント右ページ(4)）。また，①単元学習前と②単元学習後については話し合い活動に対応させて，１最初に考えた理由，２他の人の考え，３今の段階での仮説（最終的な自分の考え）と記述欄を設け，さらに詳しく生徒の学習への取り組みを振り返ることができるよう工夫している。また，③振り返りでは評価の基準に準じて指示を示すことで生徒がポイントを押さえて記述できるよう工夫した。

❶単元学習後の評価

①評価基準

「A」＝十分満足できる	課題に対して単元の学習事項を活用し，他者との意見交換を生かしながら理由を十分に説明している。
「B」＝おおむね満足できる	課題に対して単元の学習事項を活用し，他者との意見交換を生かしながら理由を説明しようとしている。
「C」＝努力を要する	説明が不十分である。または，記述がない。

　NHK for School「アクティブ10　理科」では「探究のとびら」や「探究のかぎ」でキーポイントになるヒントが示されている。これらを生徒が活用できているかを評価の基準として利用できる。

〈例〉探究のとびら：空気抵抗は物体の速さによって大きくなる

　　　探究のかぎ：力がかかるときだんだん速くなる運動，力がつりあったとき等速直線運動

②評価Ｂの例

　話し合い活動を通して，学習した力がつりあったときに等速直線運動になるという，力と運動の関係を用いて雨粒の速さが変化しなくなる理由を説明しようとしており，主体的に学習に取り組む態度の観点で「おおむね満足できる」状況（Ｂ）であると評価できる。

【評価Ｂの記述例】
　空気抵抗が重力とつりあうことで，等速直線運動をするため，雨粒は一定の速さで落ちていくようになる。

③評価Ａの例

　他者の意見から新しい用語を取り入れながら，上記の評価Ｂの場合と比べ，空気抵抗が大きくなる理由に注目し，雨粒の運動について，最初落下し始めたときと一定の速さで落ちるときを比べ，理由を明確にして的確に記述することができている。単元の課題に対して学習や話し合い活動などを生かし，自分の解答にたどりついているので，主体的に学習に取り組む態度の観点で「十分満足できる」状況（Ａ）と判断した。

【評価Ａの記述例】
　雨粒に重力が働き落ちる。重力は質量の違いで変わるので，質量の変わらない雨粒は一定の力が加わり加速していく。しかし，加速していくと，速さに対して空気の抵抗が大きくなり，そのうち空気抵抗の力と重力がつりあう。力が働いていないかつりあっているときは慣性の法則により物体は静止もしくは等速直線運動をするので，雨粒は一定の速さで落ちる。

④評価Ｃの例

　他者との話し合いで情報収集を終えた後でも，力と運動の関係を正確に記述して理由を述べているとは言い難い。このことから，主体的に学習に取り組む態度の観点で「努力を要する」状況（Ｃ）と判断した。

【評価Ｃの記述例】
　最初は勢いがつくが，どんどん空気抵抗を受けて一定になっている。

❷振り返りの評価

①評価基準

「A」＝十分満足できる	自分の単元前後の考えを比べ，単元で学んだことや他者の意見がどう影響したか等を含め自分の考えの変化を具体的に振り返っている。
「B」＝おおむね満足できる	自分の単元前後の考えを比べ，自分の考えの変化を振り返ろうとしている。
「C」＝努力を要する	自分の考えの変化を振り返ることができない。または，記述がない。

　生徒によっては最初からある程度答えにたどりついている場合もある。その場合は自分の意見に確信がもてるようになった学習の内容や，よりよくするために参考になった他の人の意見を振り返らせるとよい。

②評価Bの例

　自身の考えを比較し用語で説明できるようになったと述べている。単元前後の変化について記述しているので評価基準から評価Bとした。

【評価Bの記述例】
　勉強した用語を使いながら説明できるようになった。考えは変わっていないが，用語が加わると想像しやすくなってよかった。

③評価Aの例

　単元で学習したことや他者との対話によって自分の考えが深まったことを捉えており，そのことを具体的に用語と結びつけて書いている。このことから，この単元の学習を通して「深い学び」を行うことができたと考えられるので評価Aと判断した。

【評価Aの記述例】
　勉強前は，なぜ「加速する」かや，なぜ「力が抑えられる」かというところをあまり理解していなかったのでいまいちピンときていなかった。勉強後は，慣性の法則や等速直線運動という少し専門的なことを理解しているので，ものごとの起こる順序がすっきりわかった。また，友達と話し会うことで，お互いに学んだことを生かし，お互いの意見を取り入れられた。

④評価Cの例

　自身の考えを比較して記述することができておらず具体性に欠けているため評価Cとした。

【評価Cの記述例】
　今日までの授業内容を生かして考えることができたのでよかった。

❸評価Cの生徒に対する今後の指導の手立て

　今回の実践では，生徒の記述に対してプリント提出後に教師が赤ペンで文章に補足を入れたりアドバイスを書いたりした。また次時に評価Aの生徒数名の発表を聞かせるとともに，NHK for School「10min. ボックス　理科１分野　力と運動」のscene09「雨粒の落下速度」を視聴しながら振り返りを行い自分の答えとの比較をさせ，答え直しをする活動を行った。

4　指導と評価の一体化を図るために

❶学習課題の設定の工夫

　生徒が自ら課題の答えにたどりつくためには，学習内容を精査し段階的に生徒が理解していけるようにする必要がある。これまでは単元の終わりに単発的に課題を入れることが多くあったが，生徒がその活動の中だけで答えにたどりつくことが難しい場合があった。そこで今回の実践では，NHK for School「アクティブ10　理科」を利用し，単元の前後で課題に取り組ませることとした。単元のはじめに視聴させ課題を提示することで，「なぜ？」「どうして？」という疑問を抱き，課題意識をもちながら単元の学習に取り組むことができる。

❷学習活動の工夫とその評価の一体化

　単元前，単元後のどちらの活動の中にも，個人的にじっくりと考える時間とそれを班で発表する時間を設けた。加えて10分程度の自由時間を設けることで，さらに多く人と意見交換をし，情報を集め，その上で自分の考えをまとめる流れとした。生徒間での話し合い活動を意図的に取り入れることにより，自分の意見について根拠をもって説明しようとしたり，自分だけでなく他者の考えや意見を取り入れたりすることで，生徒は自身の考えを深めていくことができる。この活動を評価するにあたり，ワークシートには「自分の考え」「他の人の考え」「最終的な自分の考え」と学習活動に準じた枠を設けた。このことにより生徒の学習活動を見取ることができ，生徒も自分の考えの変化や参考になった他者の考えを振り返ることができるようになっている。また，答えを出した後には，単元の学習前後の自分の考えの変化を生徒自身が考え，単元での学習活動を振り返りワークシートにまとめる活動を行った。この活動を行うことで生徒は自分の成長を感じて学習の有用感をさらに高め，次単元の学習への意欲につなげることができる。

❸生徒の活動を評価し指導に生かす工夫

　単元前の生徒の考えを読むと，多くの生徒が雨粒の「体積」や「形」「質量」に理由を求めており，この単元で重要な見方である「力と運動の関連性」に気づけていないことがわかった。そこで当初の計画に加えて授業や実験のまとめで意図的に「雨粒の場合はどうだろう？」などの質問を入れたり，発展的内容である自由落下運動についての映像や演示を入れて詳しく説明を加えたりした。プリントの記述や発言から生徒の状況を見取り，その評価を指導に生かし段階的に理解していけるようサポートを行った。このように，教師が単元前の生徒の記述を診断的評価として利用することでより生徒の学習活動をサポートをすることができる。

〈北田健〉

総括
18 評価の結果の A・B・Cの数をもとに総括する例

1 評価の結果のA・B・Cの数をもとに総括するとはどういうことか

『「指導と評価の一体化」のための学習評価に関する参考資料　中学校　理科』（国立教育政策研究所，2020）では次のように示している。

> 何回か行った評価結果のA，B，Cの数が多いものが，その観点の学習の実施状況を最もよく表現しているとする考え方に立つ総括の方法である。例えば，3回評価を行った結果が「ABB」ならばBと総括することが考えられる。なお，「AABB」の総括結果をAとするかBとするかなど，同数の場合や三つの記号が混在する場合の総括の仕方をあらかじめ各学校において決めておく必要がある。

なお，生徒の学習は，指導の経過とともに深まったり高まったりするものという考え方に立ち，単元の後半の評価結果を重視して総括することも考えられる。例えば，単元の指導経過とともにC→B→B→Aと評価が変化した観点については，単元における総括の結果はAとなる。これだけだと，結局最後の評価だけで判断しているように思われるかもしれないが，それとは少し異なる。同じ評価材料であれば継続して指導と評価を行い，上記のように総括してよい。しかし，それぞれの評価材料の内容が異なる（例えば1回目は難易度が高い課題で4回目は難易度が低い課題のような）場合には適さないだろう。具体的な内容については本稿を読み進めていただければと思う。

2 評価する際の基準は何か

主体的に学習に取り組む態度の評価の場合，生徒の反応やノートやワークシートへの記述，作品等といった単発の授業での成果だけでなく，毎時間の学習感想や振り返り等を蓄積して評価することも多くあるのではないだろうか。筆者の場合も振り返りシート（図1）を毎時間の授業後に記述し提出させた。この振り返りシートも主体的に学習に取り組む態度の評価材料とした。ここでは，振り返りシートの評価基準について説明する。毎時間の学習感想や振り返り，ワンペーパーポートフォリオ（OPP）等を活用されている読者の参考になればと思う。

振り返りシート

求める姿勢：分かろうと努力する。粘り強く取り組む。分かるために助けを求める。分かるために自分なりに取り組む。人に教える。責任をもつ。

日付	学習課題 本時のめあて	本時の学習内容の要点を80字程度でまとめよう	分からなかったこと 新たな問いと自分なりの考え	今日の学習を振り返ろう	姿勢	理解
4月19日（月）	力の合成（A）				◎ ○ △	◎ ○ △
4月20日（火）	力の合成（B）				◎ ○ △	◎ ○ △
4月23日（金）	力の分解				◎ ○ △	◎ ○ △
4月26日（月）	力の合成分解（特訓）				◎ ○ △	◎ ○ △
5月7日（金）	浮力				◎ ○ △	◎ ○ △
5月10日（月）	水圧				◎ ○ △	◎ ○ △
5月12日（水）	運動の表し方				◎ ○ △	◎ ○ △
5月14日（金）	力がはたらかないときの運動				◎ ○ △	◎ ○ △

年　組　番　氏名

図1　振り返りシート

振り返りシートは以下の6項目からなる。

①学習日

②学習課題・めあて

③本時の学習内容の要点を80字でまとめる

④わからなかったこと，新たな問いと自分なりの考え

⑤本時の学習の振り返り

⑥姿勢と理解度の自己評価

　教科書の節が終わるごと（ほぼ毎時間の授業後）に回収して内容を確認し，花丸や二重丸，短いコメント等により形成的な評価を行う。しかし，その都度評価結果を記録に残すことはしない。学期末の評価時期に改めてその学期分の振り返りシートを集めてその期間での成長を見取り，主体的に学習に取り組む態度の評価材料とする。

　このうち，記録に残す評価の材料としているのは③と⑤である。それぞれの評価基準を以下に示す。

基準	③本時の学習内容の要点を80字でまとめる	⑤本時の学習の振り返り
A	字数，内容ともに適切にまとめている。	学びの姿勢を振り返り，見通しをもつことができている。
B	学習内容を適切にまとめている。	学びの姿勢を振り返っている。
B基準に至らない場合 　振り返りシートにコメントを書き，次時の前後や授業中に学習への取り組み状況を確認し声かけをする。		

　③の本時の学習内容の要点を80字でまとめる活動は，茨城県立並木中等教育学校元校長の中島博司氏が提唱したR80（アールエイティー）を参考にしたものである。R80のRはリフレクション（振り返り）とリストラクチャー（再構築）のRである。その日の学習内容を2文，80字以内にまとめる。学習内容を振り返り要点をまとめることで，思考力，表現力，論理力を育成する意図がある。この欄を読めば，その生徒がどのようなことを学び理解したのかがわかり指導に生かすことができる。この部分の評価の観点を，知識・技能ではなく主体的に学習に取り組む態度の評価としたのは，教科書や自分で作成したノートを振り返りながら，ときには友達と相談しながら記述するからである。そのため知識・技能よりも，主体的に学習に取り組む態度の方がより強く表出されると考えられる。

　④わからなかったこと，新たな問いと自分なりの考えは，授業内容によって，わからなかったことがない場合や新たな問いが出ない場合もある。生徒から「書くことがない日もある」という意見もあったため，書くことがない日は空欄でよいこととした。そのためこの部分は評価に勘案していない。多くの生徒が「わからなかった」と書いたことがあれば，次の授業の冒頭で補足することができる。また「新たな問い」でおもしろいものについても次の授業の冒頭で紹介することもある。

　⑤の本時の学習の振り返りは，学習内容よりも，学習活動を振り返るように指導している。

自分がどのような学習活動を行ったのか，学習前後で変化したことはあるか，授業でわからなかった場合には原因は何か，次の授業や授業後にどう行動するか，などを記述する。⑤の生徒の記述とそれに対する評価と教師のフィードバック例を次に示す。カッコ内は教師のフィードバックである。

【Aの例】 記録テープの結果と前回までの実験結果を見比べながら班員と話し合った。斜面上の物体の運動が一定の力が働き続ける運動と同じになっていることがわかった。だんだん力も大きくなると思っていたけど，力は一定ということなのか!? （花丸）
【Bの例】 斜面上の台車の運動を班員と協力して調べられた。台車がどんな運動をするかよくわかった。 （それはよかったです！　うまくいった原因は何だろう？）
【Cの例】 楽しかった！ （それはよかったです！　どんなことが楽しかったのか，どうして楽しかったのか，詳しく記述してみよう）

　Aの例は，自らの学びの姿を振り返り，学ぶ前の自分との比較もできている。次は力について調べてみたいという意欲も読み取れる。Bの例は，学びの姿は振り返ることができているが，見通しという面では弱い。よって評価をBとした。Cの例は，学びの姿を振り返る面でも，学習の見通しの面でも不十分である。よって評価はCとした。

3　評価の結果のＡ・Ｂ・Ｃの数をもとに総括をどう行ったのか

❶評価項目ごとの総括
　ここでは，評価項目「振り返りシート」の総括について述べる。
　振り返りシートの評価で大切にしていることは，変容を見るということである。単元の初期段階から学習が進むにしたがって，生徒の学習に取り組む態度がどのように変容したか，振り返りシートの記述内容から判断する。
　次は，後述する第3学年第1分野(5)「運動とエネルギー」単元の第2時と第10時の振り返りシート，③部分の記述例である。カッコ内は振り返りシートに書いた教師のフィードバックである。

〈生徒１〉

【第２時】 記録テープは５打点で区切る。 （他に学んだことはなかった？　記録テープの読み取り方についても再確認しよう）
【第10時】 作用・反作用は２つの物体に働く力で，２力のつりあいは１つの物体に働く２つの力。 （この２つは混同しやすいので気をつけよう！　80字に近づくように，もう少し学習内容を深く振り返ろう）

　　生徒１は単元の初期段階では，本時の学びをうまくまとめられていないか，学習が浅いところで止まっていることがわかる。振り返りシートの記述をもとに，このような生徒にはコメントや授業前後，授業中に継続して重点的な指導を行う。その結果第10時の記述内容が変容している。初期段階の評価はＣであるが，第10時の段階ではＢ程度まで変容している。よって生徒１はＢ評価と判断した。

〈生徒２〉

【第２時】 速さが一定だと記録テープの打点の間隔は同じになり，速さが速いほど記録テープの打点の間隔は広くなる。 （内容をもう少し深く振り返ってまとめてみよう）
【第10時】 作用・反作用は２つの物体間で力を及ぼし合う関係にある。２つの力は一直線上で向きは反対になっており，作用点は同じになる場合が多い。またこれらは同時に働く。（花丸）

　　生徒２は，第２時の振り返りも一見よさそうに見えるが，字数が49文字と少ない。このような場合，学習した内容の一部分しか振り返ることができていないと考えられ，深い振り返りができていないと判断できる。そのためこの段階ではＢと評価する（例えば書き始めに「物体の運動の速さは記録タイマーを使って調べられる」などと書かれていればＡと判断できる）。この場合にもコメントで改善のポイントを伝える。その結果第10時の振り返りでは，学習の要点を的確にまとめ，しっかりと内容を整理できている。このような内容については花丸をつけて返却し，次の授業等で全体に紹介するなどした。初期段階はＢ評価だったが第10時の段階ではＡに変容したと捉えられる。生徒２はＡ評価と判断できる。

　　これらの例のように単元前半で低い評価となっても，形成的な評価と継続的な指導を行うことによって変容が見られた場合には，単元終盤の姿で評価するのが妥当と考える。

　　⑤についても同様の考え方で，単元の初期段階でＣやＢの内容であっても，単元の学習が進むにしたがって変容が見られ，終盤ではＡの内容になっている場合にはＡと評価する。

③と⑤の評価を総括して振り返りシートの評価とする。③と⑤の評価結果が異なる場合の総括方法は右の通りである。

③（⑤）	A	A	B
⑤（③）	B	C	C
総括	A	B	B

❷全体の総括

具体的な全体の総括の方法について，第3学年第1分野(5)「運動とエネルギー」の事例を紹介する。ここでは「主体的に学習に取り組む態度」の評価に絞って紹介する。

【事例】

| 時間 | 学習活動 | 重点 | 記録 | 生徒 |||||||||
				R	S	T	U	V	W	X	Y	Z
1	物体の速さについて理解する。	知										
2	記録タイマーなどを使って，物体の運動の様子を調べる。	知										
3	記録タイマーを使って，一定の力が働き続ける物体の運動の様子を調べる。	知										
4	一定の力が働き続けたときの台車の運動を考察する。	思	○									
5	力が働かないときの物体の運動を考える。	思										
6	物体に力が働かないときの運動について理解する。	知	○									
7	斜面上の台車の運動の様子について仮説を立て，実験を計画する。	思										
8	他者と関わりながら，探究の過程を振り返り，課題を解決しようとする。	態	○	A	A	A	B	C	A	B	C	B
9	斜面上の物体の運動の様子について，物体に働く力と関連づけて説明する。	思	○									
10	作用・反作用の法則について振り返り，身の回りの生活の中であてはまるものを探そうとする。	態	○	A	B	B	B	A	C	C	C	B
振り返りシート		態	○	B	A	B	A	A	C	A	A	C
単元の総括（主体的に学習に取り組む態度）				A	A	B	B	A	C	B	B	B

第8時ではB基準を「他者と関わりながら，探究の過程を振り返り，課題を解決しようとする」とし，レポートの記述により評価した。第10時ではB基準を「作用・反作用の法則について振り返り，身の回りの生活の中であてはまるものを探そうとする」とし，レポートの記述により評価した。本単元では，第8時と第10時，振り返りシートが主体的に学習に取り組む態度の評価項目となる。

生徒R～Zまで具体例をもとに説明する。

生徒	レポート，振り返りシート→総括	総括の理由
R	A・A，B→A	レポート2つがともにAで振り返りシートはBではあるが，Aの数を優先した。
S	A・B，A→A	レポートが1つBだが，2つAがあるのでAとした。
T	A・B，B→B	Aが1つあるが，レポート1つと振り返りシートがBのためBとした。
U	B・B，A→B	振り返りシートはAだが，レポートが2つともBのためBとした。
V	C・A，A→A	レポートが1つCだが，もう1つのレポートと振り返りシートがAのためAとした。
W	A・C，C→C	レポートが1つAだが，もう1つのレポートと振り返りシートがCのためCとした。
X	B・C，A→B	3つの記号が混在している場合はBとした。
Y	C・C，A→B	レポートが2つともCだが，振り返りシートはAのため振り返りシートをやや重視して総括しBとした。
Z	B・B，C→B	振り返りシートはCだがレポートが2つともBのため，Bの数を優先してBとした。

「何回か行った評価結果のA，B，Cの数が多いものが，その観点の学習の実施状況を最もよく表現している」（国立教育政策研究所，2020）とある通り，基本的には数が多いものを単元の総括としている。ここで特徴的なのは生徒Yである。A，B，Cの数だけで総括すると総括の結果はCということになるだろう。しかし，前述の通り振り返りシートは単元を通して継続的に実施しているものであるため，その評価を重視するのが妥当と考える。生徒Yのような評価結果になることは稀かもしれない。レポートはどうしても書けなかったが，毎時間自分の学習を丁寧に振り返り，次の活動に生かそうと粘り強く取り組んだことが振り返りシートから読み取れる。そのような生徒の主体的に学習に取り組む態度の評価は，CではなくBと判断するのが妥当であると考える。

　最後に，振り返りシートの回収や形成的評価が，ほぼ毎時間と聞くとかなりの負担になると思われるかもしれない。しかし，毎回のチェックは花丸や短いコメント，アンダーラインを引く等1人あたり数秒で終わる。1クラス分なら授業前後の休み時間で確認とコメント記入を終えられる。また，18～25ページ「4　1人1台端末の活用」にもあるように，今後はICT端末への移行も考えられる。生徒は自宅で提出でき，振り返りシートを紛失したり忘れたりする

心配もない。教師側も時間短縮につながり，負担はさらに小さくなるだろう。

〈永尾啓悟〉

【参考文献】
・国立教育政策研究所（2020）『「指導と評価の一体化」のための学習評価に関する参考資料　中学校理科』
・中島博司（2016）「AL を学力向上につなげる『AL 指数』と『R80』」
　URL：https://find-activelearning.com/set/309　最終閲覧日（2022/03/31）

19 総括 評価の結果のＡ・Ｂ・Ｃを 数値に置き換えて総括する例１

1　Ａ・Ｂ・Ｃから達成率に置き換えるとはどういうことか

『「指導と評価の一体化」のための学習評価に関する参考資料　中学校　理科』（国立教育政策研究所，2020）では次のように示している。

> 　何回か行った評価結果Ａ，Ｂ，Ｃを，例えばＡ＝３，Ｂ＝２，Ｃ＝１のように数値によって表し，合計したり平均したりする総括の方法である。例えば，総括の結果をＢとする範囲を［2.5≧平均値≧1.5］とすると，「ＡＢＢ」の平均値は，約2.3［（３＋２＋２）÷３］で総括の結果はＢとなる。

　上記の換算例の他にも，カッティングポイントを定めて，平均達成率80％以上をＡ，50％以上80％未満をＢ，50％未満をＣとするなどの総括の基準にあてはめる方法もある。例えば以下の通りである。

	第１回評価	第２回評価	第３回評価	総括
段階評価	Ａ	Ｂ	Ａ	
点数化	3点／3点満点	2点／3点満点	3点／3点満点	8点／9点満点
達成率	100％	66.7％	100％	88.9％⇒Ａ

　上表の例では，３回の評価を行い，各回の評価を３点満点でＡ＝３，Ｂ＝２，Ｃ＝１で数値化し，合計して算出している。総括の達成率が88.9％であることから，今回の総括の基準で考えた場合は，達成率が80％以上であるため総括の評価はＡとなる。この総括の方法であれば，例えば，毎回の評価は○（達成率100％）と×（達成率０％）のみの２択とすることも可能である。また，満点を変更して，Ａ＝５，Ｂ＝３，Ｃ＝１といったように各回の配点を変更することも可能である。ただし，この場合は，他の回との間の関係や，ＡＢＣ間の達成率の差がその間隔で適切に評価できているのかなど，総括したときに妥当性があるかどうか慎重に検討する必要がある。

2　評価する際の基準は何か

評価する際には，まずは以下の手順で作成するとよいと考えている。

❶単元の目標，単元の評価規準を作成する

学習指導要領，学習指導要領解説や『「指導と評価の一体化」のための学習評価に関する参考資料　中学校　理科』を参考にして，評価規準の骨子を作成する。後述の手順を踏んでいる間に若干の修正が加わったり，具体性を伴ったりすることも考えられるが，まずは骨組となるものを作成する。

❷学習指導要領を読むなどして，教師自身が「単元観」をはっきりさせる

「単元観」とは，この単元は何を学ぶ単元で，どのようなことを大切にしていく必要がある単元であるのか，教師自身の単元に対する見方や考え方そのものである。これがなければ，一貫性のある具体的な評価計画を立てることが難しい。ただし，あまり主観的になりすぎないように，論理を積み上げて客観性を担保するように心がける。

❸「指導と評価の計画」を作成する

主体的に学習に取り組む態度の評価においては，ある1時間だけを取り出して評価するということは難しい。ただし，内面的な部分である「人間性等」については評価の対象としていないため，「〜しようとしている」といった表出している部分をいかに評価するかということに焦点をあてることとなる。評価の材料は，ノートの内容，ワークシートの記述，単元全体で使用するポートフォリオの変遷などを見取るということがよく行われている。しかし，ここで気をつけたいのは，これらはいずれも記述（＝書く）という表現方法によってのみの，偏った評価をしているということだ。表出する態度は，「文字」で「書く」だけではなく，「聞く」「読む」「調べる」「話す」「図表や絵でかく」といった様々な表現方法によって表れるものである。各生徒の発達特性も考慮に入れながら，様々な評価方法を検討する必要があるだろう。そのためにも，授業後の成果物による評価に偏ることなく，極力授業時間内での評価を心がける。ICTを活用すれば，例えば，生徒がスライドにまとめている10分間に40人なら見取ることができる。

評価計画では，「評価規準」とそれに基づく「評価基準」に加えて，「評価者」も明確にしておく必要がある。評価者は大きく分ければ「教師」「本人」「本人以外の生徒」の三者に分類される。また，それらを組み合わせて評価することも考えられる。自己評価については，ルーブリックやチェックリストを示して，主体的に学習に取り組む態度の育成に有用な学習活動とし

ての評価を行うことが可能である。教師や他の生徒が行う相互評価については，誰が評価しても客観的に評価され，ブレが少なくなるような文言の工夫が必要である。また，普段の学習活動の変遷を見る場合には，ICT を活用してそのデータを活用することが考えられる。

①自己評価用ルーブリックの例

項目	評価	評価内容
考察 ＆ まとめと結論 ［グラフ］	S	結果が適切にプロットできており，近似曲線も適切にかけている。
	A	結果が適切にプロットできているが，近似曲線の一部が不適切である。
	B	結果がプロットできているが，近似曲線がかけていない。
	C	かいていない。または，それに近い状態である。

　自己評価においては，事前にルーブリックを配付しておき，チェックリスト的に活用する方法が考えられる。ただし，あまり細かく書いてしまうと，「探究」ではなく「作業」「実習」となってしまうおそれがある。

②相互評価用ルーブリックの例

項目	評価	評価内容
考察 ＆ まとめと結論 ［記述］	S	回路にかかる電圧と流れる電流が比例していることに気づいている。
	A	電圧の変化とともに，流れる電流が大きくなることに気づいている。
	B	電圧の変化とともに，流れる電流が変化することに気づいている。
	C	記述がない。または，それに近い状態である。

　自己評価用と異なり，評価時に配付することも考えられる。誰もが適切に評価できるように，客観的表現とするなど文言を工夫する必要がある。生徒に評価させる場合は，評価活動によって，この学習では何が大切であったかといった学習の振り返りの視点を与えることにもつながるため，学習活動そのものとしても活用できる。

③ ICT を活用したデータの例

　GIGA スクール構想で配備されている Google，Microsoft，Apple の各 OS に付随する LMS（学習管理システム）でルーブリック機能を活用する方法がある。このルーブリックは生徒に公開され，自らがルーブリックのどの段階にいるのか現在地を把握しながら学びを進めることができる。また，何度も教師とやりとりすることが容易なため生徒が学びを振り返りながら期限内により高い評価を目指してスパイラルに学ぶことができる。

3　A・B・Cから達成率への変換をどう行ったのか

❶単元ごとの評価

〈例〉第1分野(1)ア(ア)

【評価規準】

　光と音に関する事物・現象に進んで関わり，見通しをもったり振り返ったりするなど，科学的に探究しようとしている。

【評価】

　右表のように，単元の中で数回記録する評価を実施する。数時間かけて1つの項目の評価を行うということも可能である。

　主体的に学習に取り組む態度の評価は「できる」「できない」ではなく，自己調整的に学ぶ姿勢を見るものであるから，「興味・関心をもって自ら目標を設定する（予見）」，「自ら仮説や計画に基づいて学習活動に取り組む（遂行）」，「自己評価を行って，次回に向けた振り返りをする（省察）」を見取ればよいのである。これは言い方を変えれば，「探究」活動を自らの力でまわせているかということであるから，その視点で評価を行えばよいのである。

段階	内容	学習活動・学習過程	「態度」の評価活動
③	光の屈折	・光の性質のうち，凸レンズの性質を探究する基本となる性質について，実験から理論を見いだし，表現する。	
④	凸レンズのはたらき　探究①	・実際に凸レンズを使って様々な実験を行い，凸レンズの性質を体験から学ぶ。	
⑤	凸レンズのはたらき　探究② 凸レンズに入射する光の屈折についてのモデルを構築 《課題発見》	・新しく学んだ光の3つの性質，凸レンズの性質という「知識」を借りて…	<予見> ・凸レンズに光が入射したときのモデルについて，先を見通しながら興味をもって仮説を立てようとしている。 ○・×
⑥	凸レンズのはたらき　探究③ 凸レンズと光源の位置による像のでき方の違いについて調べる実験 《仮説・実験計画》		
⑦	凸レンズのはたらき　探究④ 凸レンズと光源の位置による像のでき方の違いについて調べる実験 《本実験》		<遂行> ・仮説に基づいて，実験を行おうとしている。 ○・×
⑧	凸レンズのはたらき　探究⑤ 凸レンズと光源の位置による像のでき方の違いについて調べる実験 《考察・まとめ》	…より，モデルをさらに拡張し，修訂する際に出てくると思われる問題点がないか点検も行う。	<省察> ・結果をふり返り，仮説と結果を照らし合わせて，今回の実験でわかったことやうまくいかなかったことを見いだそうとしている。 ○・×

・今回の評価例でいえば，4授業時間で1つの探究活動として取り扱い，その中で自己調整学習の各段階（予見・遂行・省察）について，その過程を評価をしている。
・さまざまなやり方が考えられるが，ここの例では，各段階の評価を○・×形式で評価し，一連の流れを総括してA・B・Cに置き換えて評価することとしている。

❷全体の総括

〈例１〉10時間扱いの単元において，３回Ａ・Ｂ・Ｃによる３段階評価を行った場合の総括

パターン①：各回の評価をＡ＝３，Ｂ＝２，Ｃ＝１のように置き換えてから平均値をとり，四捨五入して総括する例

生徒	第１回評価	第２回評価	第３回評価	平均点（四捨五入）	総括
P	A（３点）	A（３点）	A（３点）	３点	A
Q	C（１点）	B（２点）	A（３点）	２点	B
R	C（１点）	C（１点）	A（３点）	２点	B
S	C（１点）	B（２点）	C（１点）	１点	C

　パターン①は，評価基準に基づいて数値を気にせずに評価すればよいので，最もシンプルな方法である。

パターン②：評価を毎回達成率に置き換えてから平均値をとり，達成率の平均値をカッティングポイントと照合して総括する例（Ａ：80%以上，Ｂ：50%以上80%未満，Ｃ：50%未満）

生徒	第１回評価 A＝5，B＝3，C＝1	第２回評価 A＝3，B＝2，C＝1	第３回評価 A＝10，B＝5，C＝2	平均点（四捨五入）	総括
P	A（100%）	A（100%）	A（100%）	100%	A
Q	C（20%）	B（66.7%）	A（100%）	62.2%	B
R	C（20%）	C（33.3%）	A（100%）	51.1%	B
S	C（20%）	B（66.7%）	C（20%）	35.6%	C

　パターン②は，総括の際に各回の評価の重みを変更したいときに有用な方法である。説明を加えると，例えば，第１回評価では，最高評価のＡが５点という扱いのため，Ａを達成率100%とすると，Ｂは３点なので，３点／５点満点×100で達成率は60%，Ｃは１点なので，１点／５点満点×100で達成率は20%となっている。第２回評価以降も同様であるが，満点が違っているので，Ａは常に達成率が100%であるが，Ｂ，Ｃについては評価回ごとに達成率が異なっている。

　この方法の場合，各回の配点を変更したり，Ａ・Ｂ・Ｃの重みづけを変更したりした際でも，すべての回の評価の重みを均等にすることができる。また，逆に第３回評価だけ重みづけを２倍にしたいといった場合に，単純にその回の得点を２倍にすればよいので，評価の重みづけをコントロールしやすいというメリットがある。

　なお，この2つのパターンではP，Q，R，Sのそれぞれの結果がたまたま一致しているが，A・B・Cの配点によっては一致しない場合も出てくる。

〈例2〉10時間扱いの単元において，3回A・B・Cによる3段階評価を行うために，各回それぞれで3回の簡易評価（○・×）を行った場合の総括

パターン③：毎回2段階（○・×）で達成できたかどうかだけ記録し，○＝100，×＝0に置き換えて，その平均値から各回の評価をA，B，Cとして算出する例（A：80%以上，B：50%以上80%未満，C：50%未満）

生徒	第1回評価 （3回の○×評価を達成率に置き換える）	第2回評価	第3回評価	平均達成率	総括
X	○（100%）・○（100%）・○（100%）	…	…	…	…
	達成率100%⇒A				
Y	○（100%）・○（100%）・×（0%）				
	達成率66.7%⇒B				
Z	×（0%）・○（100%）・×（0%）				
	達成率33.3%⇒C				

> 1回1回のA・B・Cの算出の方法が異なるだけで，あとは〈例1〉のどちらかのパターンで総括すればよい。

　この方法は，単元を1つの探究活動として考えて，数時間にわたってある評価観点を見取る場合に有用な方法である。例えば，実験計画を立ててその計画に基づいて振り返りながら学習する3時間扱いの活動を評価する場合，毎時間○・×で記録して，3回目にその平均達成率からA・B・Cに置き換える。先ほどの〈例1〉では毎回3段階の評価を行っているが，AとBの境界が曖昧で，評価に悩んでしまう場合も少なくない。この場合は「達成できた」「達成できなかった」の2択での評価を行い，その評価の数を重ねてA・B・Cに置き換えることで，より客観性を増すことができる。

　一見複雑に見えるが，毎回の評価は○・×のみのため，40人あたり6〜7分程度で見取ることが可能である。ICT機器に直接入力できるようにしておけば，達成率の変換はコンピュータ等が自動的に行ってくれる。

　最後になるが，評価をする目的は，生徒自身が学びを振り返って未来につなげること，あるいは，教師自身が授業のアセスメントを行い次の授業に生かすことである。評価を数値化することそのものが目的とならないように，常に評価の意味や意義を生徒と教師が日常的にお互いに確認し合うことが大切である。

〈大西琢也〉

20 評価の結果のＡ・Ｂ・Ｃを 数値に置き換えて総括する例２

1　Ａ・Ｂ・Ｃから達成率に置き換えるとはどういうことか

『「指導と評価の一体化」のための学習評価に関する参考資料　中学校　理科』（国立教育政策研究所，2020）では次のように示している。

何回か行った評価結果Ａ，Ｂ，Ｃを，例えばＡ＝３，Ｂ＝２，Ｃ＝１のように数値によって表し，合計したり平均したりする総括の方法である。例えば，総括の結果をＢとする範囲を［2.5≧平均値≧1.5］とすると，「ＡＢＢ」の平均値は，約2.3［（３＋２＋２）÷３］で総括の結果はＢとなる。

上記の換算例のように，複数回の評価結果をＡ＝３，Ｂ＝２，Ｃ＝１と同じ数値で表し評価する方法の他にも，第１回はＡ＝３，Ｂ＝２，Ｃ＝１，第２回はＡ＝５，Ｂ＝３，Ｃ＝２というように各回の評価の数値を変化させる方法もある。この場合，重みづけのある評価となり，満点の数値を大きくした回の評価への影響が大きくなるため，全体の評価として妥当であるか注意する必要がある。

	第1回評価	第2回評価	第3回評価	総括
評価	B	B	A	B ［8.8≧平均値≧5.5］
数値化	2点／3点満点	3点／5点満点	3点／3点満点	8点／11点満点

評価の数値を達成率として評価を行う方法もある。この場合，各回の評価への影響を均一にすることができ，数値を変更することで，Ａ・Ｂ・Ｃの評価基準の達成率を変えることができる。

	第1回評価	第2回評価	第3回評価	総括
評価	B	B	A	B ［80%≧平均値≧50%］
数値化	2点／3点満点	3点／5点満点	3点／3点満点	
達成率	66.7%	60%	100%	75.6%

2　評価する際の基準は何か

　まず，単元の評価計画を作成する。内容のまとまりごとの評価規準は，

> 　「生物の体のつくりと働きに関する事物・現象に進んで関わり，見通しをもったり振り返ったりするなど，科学的に探究しようとしている」

となる。これをもとに，「事物・現象に進んで関わろうとしているか」や「見通しをもったり振り返ったりしようとしているか」「科学的に探究しようとしているか」といった点を複数の視点から評価する。

時間	指導のねらい・学習活動	重点	記録	備考［記録方法］
1	・目の模型を見ながら，各部位のつくりと働きについて考え，目が光を受容する感覚器であることや受容した刺激を脳へ伝えるしくみを理解する。	知		・目が光を受容するしくみを理解している。
2	・目のつくりや働きについて，実験で確認したいこと（目的）を設定し，実験方法を提案する。	態	○	・目のつくりや働きから目的（実験の目的）を設定し，実験を提案しようとしている。［レポート］
3	・豚の眼球を解剖する実験を行い，目のつくりと光を受容するしくみを説明する。	思	○	・実験の結果をもとに，目のつくりと光を受容するしくみを説明している。［レポート］
4	・耳のつくりと働きについて考え，耳が音の受容器であることや受容した刺激を脳へ伝えるしくみを理解する。	知		・耳が音を受容するしくみを理解している。
5	・鼻・舌・皮膚が刺激を受け取るしくみについて課題を設定し，鼻・舌・皮膚のつくりや働きを調べ，課題を解決する。	態	○	・刺激を受け取るしくみについて課題を設定し，課題を解決しようとしている。［ノート］
6	・刺激を受け取ってから反応が起きるまでの流れを考え説明する。	思		・刺激を受け取ってから反応が起きるまでの流れを説明している。
7	・反応時間を調べる実験を行い，刺激の伝わり方と反応時間について説明する。	態	○	・結果をもとに，刺激の伝わり方と反応時間について説明しようとしている。［ワークシート］
8	・反射の実験を通して，反射が起きるときの共通点を見いだすことで，反射が起きるまでの刺激の伝わり方を考え，反射と通常の反応の違いを説明する。	思		・実験結果から，反射が起きる条件を見いだし，刺激の伝わり方から反射と通常の反応の違いを説明している。
9	・骨格模型を用いて，関節の動きについて説明する。	思	○	・骨格模型をもとに，関節の動きを説明している。［ワークシート］
10	・骨格や筋肉のつき方や動きから，運動のしくみを理解する。	知		・骨格や筋肉による運動のしくみを理解している。

ここでは，レポート・ノート・ワークシートの記述を用いて評価を行っている。他にも話し合いの様子などによる授業内での行動評価など，記述によらない評価も可能な限り加える。

3　A・B・Cから達成率への変換をどう行ったのか

❶第2時の評価（レポート）

授業実施後に回収したレポートの記述を通して評価を行う。レポートには，各自で実験・観察の目的を設定させ，実験・観察の方法を記入させている。実験・観察方法については，これまでに学んだことを生かし，目的に応じた方法を科学的に考えられているかどうかという点を評価し，実際には適さない方法であったとしても助言を与えることで評価の判断には含めない。また，助言によって改善が見られたかを判断に含めてもよい。

第2時の評価では，これまでの学習を振り返り，見通しをもって次の実験に向かおうとしているかに重点を置いて評価している。評価基準の設定において，振り返りを適切に行うことができているかどうかでAとBの評価が分かれることを踏まえ，A・Bの達成率の差が少ない，A＝達成率100%，B＝達成率66.7%，C＝達成率33.3%が妥当であると考え，A＝3点，B＝2点，C＝1点として評価を行った。評価Cの生徒には前時の記録を参考にするなどして，興味とつながる目的を設定させたり，他の生徒の例などを参考にしながら実験方法の提案をさせたりしてもよい。

（ワークシートの一部）

1　目的を設定しよう。（実験・観察を通して確認したいことを決める）

〈生徒の記述欄〉

2　設定した目的に対して，適切な実験・観察方法を提案しよう。

〈生徒の記述欄〉

【評価基準】

「A」＝十分満足できる	眼球のしくみや働きを理解した上で，課題（実験の目的）を設定し，課題解決のために適切な実験方法を提案しようとしている。
「B」＝おおむね満足できる	眼球のしくみから課題（実験の目的）を設定し，実験を提案しようとしている。
「C」＝努力を要する	課題（実験の目的）が設定できていない。実験を提案できていない。

【評価Aの記述例】

目的：水晶体のレンズとしての機能を調べる

実験方法：水晶体を取り出す。紙の上に水晶体を置いて，水晶体にレーザー光をあてて光の進み方
を調べる

【評価Bの記述例】

目的：虹彩の色を調べる

実験方法：目を切って色を見る

【評価Cの記述例】

目的：目について調べる

実験方法：観察してみる

❷第5時の評価（ノート）

　授業実施後に回収したノートの記述を通して評価を行う。ノートには，鼻・舌・皮膚につい
て学びたいこと（課題）を設定し，記述させている。また，何に目を向け着目して学ぶかもあ
わせて記述させることで，「自らの学習に向けた目的意識をもち，学習の進め方について試行
錯誤し学ぼうとしているか」という観点で評価を行う。学習後に，学んでわかったことを記述
させるが，「自らの学習の目的に対して進んで学ぼうとする姿勢を見取ることができたか」と
いう観点で評価を行い，疑問を解決できていない場合もここでの評価の判断には含めない。

　第5時の評価では，自ら進んで事物・現象に関わり学ぼうとしているかに重点を置いて評価
している。A・Bの評価基準では進んで学ぼうとする姿勢に比較的大きな開きが見られると考
え，A＝達成率100%，B＝達成率60%，C＝達成率40%が妥当であると考え，A＝5点，B
＝3点，C＝2点として評価を行った。評価Cの生徒には，他の生徒の例を提示するなど，身
近な点に目を向けさせるなどした上で，学習内容を振り返らせるなど，わかる範囲の内容を記
述するように促す。また，学びたいこととわかったことの不一致が起きている場合には，興味
の変化に合わせて記述内容も変更や追加をするように促し，学んだことを説明できる記述へと
導いていく。

（ノートの一部）

1　鼻・舌・皮膚のつくりや働きについて学びたいこと。

〈生徒の記述欄〉

2　何に着目して学ぶか。

〈生徒の記述欄〉

3　学んでわかったつくりや働き，今後学びたいこと。（できるだけ具体的に）

〈生徒の記述欄〉

【評価基準】

「A」＝十分満足できる	学びたいこと，着目したい点を記述し，学びたいことに対してわかったことを具体的に説明しようとしている。
「B」＝おおむね満足できる	学びたいこと，着目したい点を記述し，わかったことを説明しようとしている。
「C」＝努力を要する	3点のいずれかが記述できていない。または，記述内容が項目の趣旨からずれている。

【評価Aの記述例】

学びたいこと：耳たぶをつねっても痛くないのはなぜか

着目したい点：皮膚のつくりと部位による違い

わかったこと：痛みは痛点という痛みを感じ取る点が刺激され，生じている。痛くない場所は，痛点が少ないからである。他の部位と比べて，物などに接触する機会が少ないため痛点が少ないのではないかと考えた。

【評価Bの記述例】

学びたいこと：どのようにして味やにおいを感じているのか

着目したい点：部位の構造や刺激の伝わり方

わかったこと：味もにおいも細胞を通って伝わっている。

【評価Cの記述例】

学びたいこと：においがするのはなぜか

着目したい点：鼻について

わかったこと：鼻があるから。

❸第7時の評価（ワークシート）

　授業実施後に回収したワークシートの記述を通して評価を行う。ワークシートには，実験結果からわかることを記述させている。「前時までに学んだことを生かしながら，実験結果を科学的に説明しようとする姿勢を見取ることができるか」という観点で評価を行う。

　第7時の評価では，科学的に探究しようとしているかに重点を置いて評価している。A・Bの評価基準では科学的に考え説明しようとする姿勢に比較的大きな開きが見られると考え，A＝達成率100％，B＝達成率60％，C＝達成率40％が妥当であると考え，A＝5点，B＝3点，C＝2点として評価を行った。評価Cの生徒には，それぞれの実験における刺激の伝わり方を再度振り返らせ，刺激が伝わった経路と反応時間を結びつけて考えることができるように促す。神経の具体的な名称を入れて説明するように促すことでも改善を図ることができる。

（ワークシートの一部）

1　それぞれの実験結果と，刺激の伝わり方を比較し，わかることを説明してみよう。

〈生徒の記述欄〉

【評価基準】

「A」＝十分満足できる	学んだことを生かし，それぞれの実験の比較から，結果をもとに，刺激の伝わり方と反応時間について説明しようとしている。
「B」＝おおむね満足できる	学んだことを生かし，実験結果をもとに，刺激の伝わり方と反応時間について説明しようとしている。
「C」＝努力を要する	記述できていない。学んだことや実験結果をもとにした記述が見られない。

【評価Aの記述例】

　実験1より2の方が刺激が伝わる経路が長いのに，反応時間はあまり差がなかった。このことから，脳が命令を出すのに時間がかかるとわかる。

【評価Bの記述例】

　実験結果から，末梢神経や中枢神経が刺激を伝えるのはとても速いことがわかった。

【評価Cの記述例】

　人間の体でこの速さなら，虫はとても速いと思う。

　このように各回の評価基準に応じて，A・B・Cの達成率を調整することで，各回の学習目標に応じて柔軟に評価基準を設定することができ，評価の妥当性を確保することができる。

　また，各回で評価できる内容に大きな差が見られる場合は，各回の評価に重みづけをすることで，より適切な評価を行うことができる場合もあるだろう。いずれの場合も，A・B・Cの達成率の設定の違いが，全体の総括へ与える影響は少なくない。評価の基準を設定する際に，あわせて達成率を設定しておくことが重要といえる。

❹単元を通した評価（行動観察）

　顕著な行動を示した生徒を授業中に記録しておく加点法で生徒の行動の様子を見取った。

【授業中の発言から】

第1時	割合
目の模型を見ながら各部位のつくりや働きを考える場面で，積極的に気づきを発表したり，しくみを説明したりしようとした。	15%
第2時	割合
目のつくりや働きについての実験方法を考える場面で，質問をしながら試行錯誤を繰り返し，実験方法を改善しようとした。	74%
第6時	割合
刺激の伝わり方について考え説明する場面で，進んで説明しようとした。	6%
第8時	割合
反射にあたる反応を考える場面で，日常の場面や自分の体の反応から，反射にあたる反応を進んで探した。	32%

【グループでの話し合いの行動の様子から】

第9時	割合
骨格模型をもとに関節の動きについて説明をする場面で，グループ内で気づきを出し合ったり，他のグループに積極的に説明をしようとしたりした。	29%
骨格模型をもとに関節の動きについて説明をする場面で，他のグループの発表について疑問をもったり，気づきを発見しようとしたりした。	29%

【実験・観察時の行動の様子から】

第7時	割合
グループで行った刺激が伝わる速さを調べる実験で，進んで実験方法の確認を行い，正確な実験結果が得られるように調整したり，各回で実験結果が異なる理由を探求しようとしたりしている様子が見られた。	19%
グループで行った刺激が伝わる速さを調べる実験で，積極的に結果から計算方法を考え，刺激が伝わる速さを求めクラスで共有した。	8%
個別に行った刺激の伝わり方と反応時間について調べる実験で，反応時間にばらつきがあったので，制限時間内に実験を繰り返し，より正確な数値を求めようと努力している様子が顕著だった。	14%

第3時	割合
個別に行った眼球の解剖実験で，眼球のつくりや働くしくみに関心をもち，積極的に調べようとしていた。	24%
第4時	割合
クラス全体で行った耳の実験で，積極的に音源指定の役割を担い，どのように指定すれば実験結果が得られるかを考え，調べようとしていた。	6%
第5時	割合
個別に行った鼻・皮膚が刺激を受け取る実験で，鼻・皮膚のつくりや働くしくみに関心をもち，積極的に調べようとしていた。	11%

❺総括

　ここでは，3回行った評価の数値を達成率で表し全体の総括を行った方法について，事例を紹介する。3回の評価における達成率の平均から，Aを達成率80%以上，Bを達成率50%以上80%未満，Cを達成率50%未満とした。

　行動観察は，加点法で，授業中の発言や話し合い，実験・観察時の様子から見取った。チェックの回数で評価を行い，4回以上を10%の加点，1～3回を5%の加点，0回を0%とした。全体の約3割の生徒が「A」の評価，約6割の生徒が「B」の評価であり，「C」の評価の生徒は約1割だった。

　全体の総括では記述による3回の評価で総括を行った後，行動観察による加点を行った。加点をした後に最終的な総括を行っている。この数値をどの程度にするかで，行動観察の重みを変化させることができる。

〈生徒X〉

	第2時	第5時	第7時	総括	加点	最終総括
評価	B	B	A	B		A
数値化	2点／3点	3点／5点	5点／5点			
達成率	66.7%	60%	100%	75.6%	＋5%	80.6%

〈生徒Y〉

	第2時	第5時	第7時	総括	加点	最終総括
評価	A	B	A	A		A
数値化	3点／3点	3点／5点	5点／5点			
達成率	100%	60%	100%	86.7%	＋10%	96.7%

〈生徒Z〉

	第2時	第5時	第7時	総括	加点	最終総括
評価	B	C	C	C		B
数値化	2点／3点	2点／5点	2点／5点			
達成率	66.7%	40%	40%	48.9%	＋5%	53.9%

※総括の評価は達成率を平均した数値から求めている

〈秋谷真理子〉

【執筆者紹介】（執筆順）

山口　晃弘　全国中学校理科教育研究会顧問

髙田　太樹　東京学芸大学附属世田谷中学校

上田　　尊　東京都練馬区立開進第四中学校

宮内　卓也　東京学芸大学

和田亜矢子　筑波大学附属中学校

青木久美子　東京都世田谷区立千歳中学校

佐久間直也　筑波大学附属中学校

中島　誠一　東京都杉並区立富士見丘中学校

吉田　勝彦　東京都豊島区立駒込中学校

内藤　理恵　東京都世田谷区立駒沢中学校

高橋　政宏　静岡大学教育学部附属静岡中学校

村越　　悟　東京都千代田区立神田一橋中学校

渡邉　　純　東京都江戸川区立篠崎中学校

遠藤　博則　東京都墨田区立堅川中学校

神田慎太郎　広島県広島市立早稲田中学校

小原　洋平　東京都立小石川中等教育学校

森岡　　啓　関西学院千里国際中等部・高等部

宇田川麻由　筑波大学附属駒場中・高等学校

川島　紀子　東京都文京区立第六中学校

北田　　健　東京都文京区立音羽中学校

永尾　啓悟　東京都三鷹市立第二中学校

大西　琢也　東京学芸大学附属小金井中学校

秋谷真理子　東京都立白鷗高等学校附属中学校

【編著者紹介】
山口　晃弘（やまぐち　あきひろ）
全国中学校理科教育研究会顧問
1961年　福岡県生まれ。
1984年　東京学芸大学教育学部初等教育学科理科専修卒業
1993年　東京都教育研究員
1995年　都立教育研究所教員研究生
2005年　文部科学省中央教育審議会理科専門部会の専門委員
2011年　国立教育政策研究所・評価規準，評価方法等の工夫改
　　　　善に関する調査研究協力者
2017年　文部科学省・学習指導要領等改善検討協力者
2020年　全国中学校理科教育研究会会長
2021年　全国中学校理科教育研究会顧問

主な著書
『中学校理科　授業を変える課題提示と発問の工夫50』（明治図
書，単著）
『中学校理科　９つの視点でアクティブ・ラーニング』（東洋館
出版社，編著）
『アクティブ・ラーニングを位置づけた中学校理科の授業プラ
ン』（明治図書，編著）
『ビジュアル解説でよくわかる！　中学校　理科室マネジメン
ト BOOK』（明治図書，編著）
『発想が広がり思考が深まるこれからの理科授業―言語活動を
重視した授業づくり』（東洋館出版社，編著）
『中学校理科室ハンドブック』（大日本図書，編著）
『中学校　板書で見る全単元・全時間の授業のすべて　理科』
（東洋館出版社，編著）
『評価事例＆テスト問題例が満載！　中学校理科　新３観点の
学習評価完全ガイドブック』（明治図書，編著）

中学校理科
「主体的に学習に取り組む態度」の学習評価
完全ガイドブック

2022年６月初版第１刷刊　Ⓒ編著者　山　口　晃　弘
　　　　　　　発行者　藤　原　光　政
　　　　　　　発行所　明治図書出版株式会社
　　　　　　　　　　　http://www.meijitosho.co.jp
　　　　　　　　　　　（企画）茅野　現（校正）嵯峨裕子
　　　　　　　　　　　〒114-0023　東京都北区滝野川7-46-1
　　　　　　　　　　　振替00160-5-151318　電話03(5907)6702
　　　　　　　　　　　ご注文窓口　電話03(5907)6668
＊検印省略　　　　組版所　藤　原　印　刷　株　式　会　社
本書の無断コピーは，著作権・出版権にふれます。ご注意ください。
Printed in Japan　　　　ISBN978-4-18-232024-8
もれなくクーポンがもらえる！読者アンケートはこちらから